人として本物となるには

大川隆法
Ryuho Okawa

2020年4月5日　HSU入学式「徳への階段」（本書第1章所収）。

2021年3月14日　HSU卒業式「脚下照顧」（本書第2章所収）。

2022年4月2日　HSU入学式「人として本物となるには」（本書第3章所収）。

2022年4月2日　HSU入学式「人として本物となるには」会場の様子。

人として本物となるには

目 次

第1章 徳への階段

「ハッピー・サイエンス・ユニバーシティ」入学式にて
二〇二〇年四月五日

第2章　脚下照顧《きゃっかしょうこ》

二〇二一年三月十四日
「ハッピー・サイエンス・ユニバーシティ」卒業式にて

第3章 人として本物となるには

「ハッピー・サイエンス・ユニバーシティ」入学式にて
二〇二二年四月二日

本書には、幸福の科学・大川隆法総裁がハッピー・サイエンス・ユニバーシティで二〇二〇年四月五日に説かれた「徳への階段」、二〇二一年三月十四日に説かれた「脚《きゃっ》下《か》照《しょう》顧《こ》」、および二〇二二年四月二日に説かれた「人として本物となるには」が収録されています。

第1章

徳への階段

2020年4月5日
「ハッピー・サイエンス・ユニバーシティ」
入学式にて

1 真理に基《もと》づく教育を目指して

ほかの大学では見ることのできないタイプの人材が育ちつつあるＨＳＵ

宗教ロックという珍しいジャンルの歌から始まる入学式は初めてです（編集注。本法話の前、楽曲「ときめきの時」〔作詞・作曲　大川隆法〕の歌唱が披露された。52ページに歌詞掲載）。

まあ、今年（二〇二〇年）はコロナ禍《か》で行政のほうも、「あまり大勢集まってもらうと困る」というようなことを発信されていますので、うちはあまり聞く気はないのですが、とりあえず少しは聞いているような雰囲気にも見せなければいけないので、ご両親も来たかった方は多いと思うのですが、後《のち》ほど観ていただくことにして、学生、教職員の方だけに今日は来ていただいております。ということで、寂《さび》しいかもしれないと思って、少しにぎやかな曲を先に歌っていただきました。六分ほどの曲のなかに、教えはほとんど入っておりまして、「私の話は以上でした」という感じになるのですけれども（笑）。

〝逆説〟も一部入っておりましたので、そのへんは誤解されないように理解していただきたいと思います。決して、みなさまがたを（楽曲「ときめきの時」の歌詞にあるような）「バカ息子」「ドラ娘」と思っているわけではありません。そう思っているのはみなさんのご両親であって、私たちのほうではございません。私や教職員のほうは、決してそのようには思っておりません。まあ、「ご両親のほうが思っている」とも限らないのですが、一部、思う気持ちもあるかもしれません。

日本に数多く学校があるなかで、あえてこの時期にＨＳＵを選んで来てくださったみなさまがたは、世間的に見れば〝宗教ロックに当てはまるような方々〟であろうかと思います。

ただ、最初に入られた方々もそうでございまして、「文科省は（大学の認可について）優柔不断《ゆうじゅうふだん》をやるけど、うちは始めます」ということで（HSUとして）始めたら、「面白《おもしろ》いじゃないか」「ロマンがあるじゃないか」というようなことで、先輩がたもだいぶ来てくださいまして、それからもう五年ほどたったかと思います。

ほかのところではちょっと見ることのできないタイプの人材が育ちつつあるように感じます。

「学校での勉強」と「実社会でどれだけ通用するか」は必ずしもつながっていない

どこがいったい違うのかということですけれども、今日は事前に注意を受けていて、「あまり持ち上げないでくれ」と言われておりますので、少し厳しめに言わなければいけないとのことです。持ち上げるとすぐ〝こう〟なってしまい（鼻に拳《こぶし》を当て、伸びるようなしぐさをする）、天狗《てんぐ》になる人もいっぱい出てきて、「あとで仕事に入ったときに極めて教えにくいから、低めに入ってもらわないと困る」と言われているので、あまり持ち上げないように堅実な言い方をしていきたいとは思います。

「学校での勉強」と「実社会に出てからその人がどれだけ通用するか」ということは、必ずしもつながっているものではありません。

ただ、この学校をつくるに当たり、実社会で何十年かいろいろな経験を積んで、普通の仕事もやってみて、宗教の仕事もやってみて、あるいは、宗教を信じている企業の方々も数多く教えてきて、そして、「日本の教育にはこういうところが足りないのだ」と思うところを集大成して、「まずつくりたいところからつくっていく」というかたちで、今やっております。全学部でまだ、日本で教えている教育全部はカバーし切れませんので、それ以外の職業に就《つ》きたい方はほかのところに行かざるをえないこともありますが、根本的なところはある程度、伝わっているのではないかと思います。

例えば、HSUの四年制としては去年、今年と、二学年(の卒業生)が幸福の科学の宗教法人のほうに入ってきておりますが、やはり、少しどこか違います。今までの感じとは少し違うところがあります。

何が違うのかはまだ、仕事をやっている時間が短いのでよくは分からないのですが、みなさん何と言うか、心の奥底に深く、すごい自信を持っているのです。その自信が実際に仕事の上で出てくるのにどのくらいかかるか、今見ているところではあります。すごく深いところで自信を持って、強い心を持っています。

ですから、信仰心と言えば信仰心であるし、学問を少し別な見方から見ているということでもあるのだろうけれども、「日本のほかの大学や外国の大学なんか何するものぞ」という感じで入ってきているのはよく分かります。

ただ、実際上の仕事はまだ、この世で普通の人が普通にできなければいけない仕事は数多くあるので、それをやりながら、「高い志《こころざし》がいつ実際に自分の仕事と合致して出てくるか」「どのくらいかかるのか」、それを今、見ているところではあります。

まだ少人数で入ってきていますけれども、十年、二十年しますと、もうＨＳＵの卒業生が何千人かになってきます。日本全国や世界に数千人のこの卒業生たちがいろいろなところで核になり広がっていくのかと思うと、私としては、とても心強くてうれしいです。

でも、あまりほめてはいけないとのことであるので、耳に痛いことのほうから先に言っておきたいと思います。

まったく真理に関係ない学問を教えている、ほかの大学の問題点

ほかの大学ではまったく真理に関係ない学問を教えていますので、みなさまが

たがＨＳＵでこれから学んでいって卒業するときにできている内容と、そうとう違う内容ができています。

はっきり言って今の日本の教育は、信仰心をなくす方向での教育をやっています。特に、一流といわれる大学ほどその傾向は強くて、「疑って、分析的で実証的なものでないと認められない」「科学的でもなければいけない」ということで、まずは否定したり、批判したり、疑ったりしていくことから始まります。

例えば、伝道して幸福の科学をお勧《すす》めしても、「あなたはなぜ、幸福の科学に信仰を持つようになったのですか。実証的にそれを『これと、これと、こういう点が気に入って、納得したために入った』というように説明してくれないと、分かりません」みたいな感じの、だいたいそういうタイプの学生が、ほかのところでは育ってくるようになるのです。

でなければ、「偏差値が幾《いく》らだからどうのこうの」というような感じの見方をする場合もあります。だいぶズレています。そうとうズレている感じがしています。

それが今の学問のあり方ではあり、そういうものも私は勉強しましたが、それでは飽き足らなくて、真実のものを求め続けてきました。

学問のもとにはやはり真理というものがなければいけないはずなのですが、実際に行われている、教えられている、そして役所からも認められている学問というのが、はっきり言って仏法真理から見て間違っているものも横行《おうこう》しているわけです。本当に多い。間違ったものを堂々と教えているところがあって、それでテストで採点されて成績が出たりしていますが、はっきり言って信用できないということです。

例えば、教えている人のなかで、信仰心のある人がどの程度いるかは知りませんけれども、極めて少ないことだけは間違いない。極めて少なく、特に、理系だけではなくて文系のほうも、いわゆる科学的なロジックで組み立てなければいけないというような流れが、戦後、非常に強いのです。いかに科学的であるか、あるいは、少なくとも社会科学的に見えるかというように全部つくろうとしていくので、それで根本的なところを壊していっているところがそうとうあります。残念です。とても残念です。

それをもっと分かりやすく言えば、「あなたの心はどこにあるか」と訊いたら、「頭脳のなかにあります」という答えなのです。はっきり言えば、そういう学問で、「脳細胞の働きです。あとは神経作用の働きです」という感じの答えがマル（正解）になるという教え方をしています。

そのため、心というものがもう少し下、胸のほうに下りてこないのです。（胸に両手を当てながら）ここで理解できなくて頭の上で理解しようとする。

その意味において、「ＡＩに近づこうと努力しているけれども、ＡＩほども精度がない」というレベルの学生が数多く育っているということです。残念です。

ですから、「いずれ機械に代替《だいたい》されるような仕事ができるようになる教育」を、一生懸命やっている感じがしてなりません。

ＨＳＵで学んでも、真理の学習が全部終わるわけではない

一方、本学においては、「宗教的な真理」も教学のなかに取り入れておりますが、それ以外に、実社会に出てみなさんの〝戦闘の武器〟になるような、「実用性のあるものも教える」という方針でやっています。

〝二刀流〟で両方やってはいるのですが、それでも若干《じゃっかん》、まだ問題がないわけではないのです。先生がたは優秀なので、幸福の科学のほうでも職員を長くやった方々が、教学をそうとうやり、さらに受験風にややコンデンス（濃縮）したかたちで、「こうやればこの真理を、短い時間でコンパクトにマスターできる」というテキストを書いたり、教え方をしたりしています。ほかのところではまったくそれができないので、ありがたいことはありがたいのですが、それで優秀な成績を取り、（職員として）入ってきて、二十年、三十年先輩の方たちがその人を

見ると、「うーん。やはりこれは、ＨＳＵのなかでも、先生がたが要領のいい真理の学習の仕方を教えて、ポイントを押さえて、乗り越えてきたな」というのがだんだん見えてくるようになります。その勉強の隙《すき》が見えてきて、「君、この本を本当は読んでないだろう」というようなことを先輩たちがズバッと言ってくる。「君、この説法を聴いてないだろう」ということをズバッと斬《き》り込んできて、「バレたかあ」という感じです。

要点を要約していろいろ勉強はしているけれども、まだ実際は全部読んでいないとか、知っていないということは、今年入ってきた新入職員も、去年入った方もそうですが、先輩がたからは打ち込まれております。

だいたい見ていますと、全般についてはまとまったかたちで教学を教わっていますが、では個別に真理の本などを読んでいるかというと、少し調べてみたら、比較的優秀な人だろうと思うあたりの方で、「二百冊ちょっと読んでいるぐらいかな」という感じです。あとは、教科書や授業で概要は聞いているのだろうと思います。

けれども、何十年もやっている先輩がたは、ほぼ全部読んでいるのです。本は全部読んでいるし、説法もほぼ全部聴いているのです。だから、どこが欠けているかすぐに分かってしまうのです。

ＨＳＵといえども、わずか四年ぐらいで当会の教学が全部できるわけではないのです。「基礎の部分」と「要点の部分」は教えてくれますが、それ以外のプラスアルファの勉強を自分でやっていかないと、けっこう厳しいことは言われています。「勉強が足りてない」「本を読んでないじゃないですか」と、けっこうズバーッと言われるのです。

幸福の科学の職員は、しっかりと修行しているかどうかを信者から見られる

例えば、本を読んでいないというのが先輩たちから見たら分かるのですが、そ

の人を支部に出してみると、どうでしょうか。支部長が忙しいときや、いないときなどに信者のみなさまがたを応対していますが、信者のみなさまがたにも三十年選手がたくさんいらっしゃいますので、話していたら、どの程度勉強しているかはすぐ分かってしまうのです。「ＨＳＵで僕は優秀な成績を取って卒業しました」と言っても、「でもあなた、このへんを勉強していないでしょう」というのはすぐ分かってしまう。

そうすると、そのあと、仕事の信用が若干《じゃっかん》なくなってきて、「あなたが祈願してもいいのだけど、それは本当に通用しているの」「本当に瞑想して、神様、仏様の心に通じたことがあるのですか」とか、ここまで言ってこられます。

本当に修行をちゃんと積んだ人は、どの人が導師の祈願ならよく効くかまで分かってしまうのです。いろいろな支部や精舎《しょうじゃ》に講師がいっぱいいますが、「あそこの精舎には、誰それさんがいる。あの人は心がとっても澄んで透明だから、祈願がとてもよく効く」とかいうのが、水面下で回っているのです。だから、わざわざ遠いところまで行ってそこで祈願を受けたりするような人もいます。

不思議なのですが、みんな、「本人は修行している」あるいは「よく勉強している」というようなことを何となく分かるのです。霊感というか、統一意見というか、教団のなかでもそういうものが見えてきて、偽物《にせもの》か本物かよく分かります。

あるいは、見せ方だけうまい方もいますが、それも長くは続かないのです。表面だけはとてもいいのですが、中身は深く落ちていないというようなところがあるわけです。

無言のうちに真理を伝えられる人格をつくれ

特に、在家の有力者の方々は本も読んでいるし、説法も聴いているし、精舎でも研修などをいっぱい受けていますので、向こうのほうがはるかに先輩ということがあるのです。その方々に法の解説をしたり、祈願導師をしたりしても、向こうが素直に聴いてくださるかどうか分からないところがあるわけで、あまりドジりますと、先ほど言いました「バカ息子」「ドラ娘」「何を勉強してきたのだ」という感じに言われることもあります。

五十、六十、七十、八十、九十歳の信者がたくさんいらっしゃいますし、同年輩の方もいますが、三十、四十の方でもけっこう手強《てごわ》い。みなさまがたにとっては手強い相手ですね。そういう人たちを相手にしていかなければいけないのです。また、卒業してから「大黒天企業」に入る方もとても多いのですが、そこにもまた長く幸福の科学の勉強をしておられる方等もいますので、「ＨＳＵ卒業ということで、まあ、大丈夫だろう」と思って採っていても、「勉強が何か浅いなあ」とか思う人もやっぱりいて、そう感じられることもあります。

だから、ＨＳＵを卒業した方々は、年は若くとも自分より年齢・経験の高い人たちに無言のうちに真理を伝えられるような、そういう人格をつくっていくことにこそ力を注《そそ》がなければなりません。

この世的に勉強しなければいけないことはまだまだあるのです。経験しなければいけないこともいっぱいあるのですが、「こんなところでこんな判断をするか」というところ、ここを間違うか間違わないかをやはり見られているので、性根《しょうね》を入れてやらなければ駄目です。

自分の至らないところは在学中に直すように努力することが大事

それと、もう一つの怖いところは、幸福の科学学園の中学校や高校を経由して来ている方もいるし、大学（ＨＳＵ）から入っている方もいますが、学生活動やいろいろなことを通じて、お互いに裏も表も知っている方がそうとういます。

ですから、成績を並べて、面接のときだけ就活訓練を受けて、上手に乗り越せると思っていても、仲間たちがみんな、その人の裏も表も知っているということがけっこう多くて、これがけっこう厳しい。「中学校のときはこうだった。高校のときはこうだった。大学に入ってからはこうだった」と、お互いに知っているわけです。だから、「あの人が入ってくるならちょっとまずいなあ。バレてしまうなあ」というようなことを、たくさん思っている方もいるのです。

そういうこともあろうかと思います。見られたら恥ずかしいこと、知られたら恥ずかしいこともあろうし、武勇伝《ぶゆうでん》に見えることもあるけれども、一般には通じないものもあろうかとは思います。そういうところ、表向きだけではなくて裏側も含めて、自分の至らないところ、直すべきところは在学中に直して、変わっていこうとしていくということを、やはり努力していくことが大事なのではないかと思います。

2　未来を切り拓く「徳」の力

徳の香りは、自分を批判する人や敵側にいる人にも分かる

今日は「徳への階段」という話をすることになっているのですけれども、徳については、例えば釈尊が説かれた話で有名なものがあります。

花の香りは、風上《かざかみ》から風下《かざしも》へ流れてきます。必ずそうですね。しかし、釈尊は「風が吹いたら、風の上にいる花の匂いは風下のほうに届いてくるが、徳の香りは風下から風上にでも漂《ただよ》ってくる」というようなことを言っています。

この世的に、論理的に考えればありえない話です。花の香りというのは、香りの成分が一種の蒸発したかたちで空中を飛んで流れていますから、風上から風下

に流れてくるでしょう。

けれども、徳というのはそういう「物質」ではないので、「徳の香りというのは、実は、風下からでも風上に香ってくる」というようなことを言っています。これは非常に、徳の特徴の一つです。

これをもう少し現代的に分かりやすく言うとしたら、徳があるかどうかということは、その人と同じところにいる人だけに分かるわけではないのだということです。徳があるかどうかということは、その人を批判する人や、敵側にいる人にでも分かるのだということなのです。これは言えるのです。

私なども近年は国際問題に関して、中国の全体主義的な傾向について批判していますが、その言葉のかすかな言い回しを感じ取って、中国人の方でも「大川隆法という人は、中国人を憎んだり嫌ったりしているのではないのだ。われわれの幸福のために、われわれを愛するために、『こういうふうに国は変わるべきだ』ということを言っているのだ。それがよく分かった」というようなことで――例えば去年（二〇一九年）の三月、台湾で話をしましたが（『愛は憎しみを超えて』〔幸福の科学出版刊〕第１章参照）、そのなかに中国本土から来ていた人もいました。実際は中国本土の人で、いまだに向こうに所属して活動はしているのですが――幸福の科学の会員になりたいと言っている人がいました。

「大川隆法が批判したいのは中国の制度だ。システムについて批判しているけれども、中国人に対しては『愛している』ということをはっきりと言っているし、それは本当だと思う」「『もっとよくなってほしいからこう言っているのだ』ということが分かるから、私は、共産党政府のなかの一員だけれども、やっぱり幸福の科学に入る」と言ってそのまま入り、教えを学ぶという人もいました。

また、中国で民主主義活動家をしていて、台湾に逃《のが》れてきて、「何とかして議会制民主主義のようなものをつくりたい。中国自由党みたいなものをつくりたい」と思って運動している人が、私の話を聴いて、後ろで突っ立って号泣していました。「よくぞ言ってくれた」という感じで号泣していました。「この本当のことを言ってくれる人がいなくて……。本当にそのとおりなのだ」というようなことで、体制側の反対をやっている人もまた号泣して、信者になりました。

同じく当日は、（当時の台湾総統《そうとう》の）蔡英文《さいえいぶん》さんは用があって来られないので、秘書の方を代理に送ってきていましたが、その後、一年弱たって再選されて、再選の演説をされたときは、私が台湾で講演した文章がそのまま彼女の再選記念のスピーチか何かのなかに入っていました。

私が言ったのは何かというと、「台湾が独立するか、独立しないかという問題ではありません。台湾は、一度も中国に支配されたことはなく、もとから独立しています。だから、独立運動をする必要はありません。もうすでにあなたがたは独立しています。あちらは全体主義体制ですが、こちらは民主主義体制、議会制民主主義をもうすでに持っています。そして自由も持っています。すでに別の国として存在しています。だから、このままで一緒の国ではないし、一度も支配されたことはありません」ということを私は述べたのですが、その部分を上手に蔡英文さんは使って、二〇二〇年の一月に発表をなされていました。

そのように、いろいろなところに影響していくのですが、この、かすかないろいろな言葉の使い方をみんな感じ取り、聞き取って、そして分かってくる。だから、先ほど徳の話で「風下から風上にでも、徳は香る」と言いましたが、本当は批判している側、反対側の人、同じ考えではないと思っていた人にまで、伝わってくるということです。

「真・善・美の徳目」は、ほかの多くの人たちにも影響を与えていく

幸福実現党なる政党もうちは持ってはいますけれども、幸福の科学本体には共産党員もいることはいて、「長年、共産党の活動をしているので、共産党員で共産党に投票していますが、幸福の科学の信者です」という人もいるのです。公明党にも実はいるので、それも許している団体ではあります。

しかし、影響はやはり出てきてはいます。「公明党だってこのままではいけない。幸福の科学みたいなアクティブな活動から見たら、まったく機能していない。現代政治においても、もう終わってしまっている。これを何とかしよう」という運動をしている人もいれば、共産党のなかでも、「共産党のなかに持っているユートピア思想というのは、幸福の科学の教えを見なければ分からない。（共産党の思想は）間違っているのではないか。『ユートピア思想』とマルクスが言っているのは、実は『聖書』、特に『旧約聖書』のなかに書いてある『神の千年王国の実現』を理想にしていたはずなので、単なる『お金による階級差をなくせ』という運動ではなかったはずだ」というようなことを、幸福の科学の教えを読んで分かってくるような方もいるわけです。

そういうふうに、いろいろなところに、実は私たちの理解者や支援者ではないと思われるようなところにも、影響を与えるところがあるということです。

これはなぜかというと、私たちが目指しているのは利己的《りこてき》なものではないからなのです。「自分たちだけよければいい」「自分たちだけが繁栄したらいい」という考えではないからなのです。私たちが求めている「真・善・美などの徳目」は、実はほかの人たち、要するに、私たちの団体に入っていない人たちにとっても、プラスになり、役に立ち、未来を拓く力を持っているからなのです。そこが大事なところなのです。

3　徳への階段を上《のぼ》るために

世の中をよくする気持ちが大きくなっていくことは、自分自身の成長

しかし、ともすれば、秀才願望を持って勉強していると、「とにかく自分がかわいい」「自分がよかれ」という気持ちを持つ方が増えてくると思います。それは自己形成期にある程度までは許されると私は思っていますが、その自己形成期からだんだん社会人になって、社会の一員になって、そして、社会をよくしていこうという立場になったら、それだけでは済まないことになります。

まずは、「自分にとってよかれ」と思うことが、「社会にとってもよかれ」ということにつながる生き方をしなければいけません。

さらには、もっと自分が成長していけば、自我の部分が大きくなるのではなく、今度は、「自分がやっていることが、本当にみんなのために、本当に世の中のためになればいいいな」という気持ちのほうが、もっともっと大きくならなくてはいけません。

「世の中がもっとよくなるといいな」という気持ちのほうが大きくなってくるということは、実は本当は自分自身の成長なのです。成長しているということなのです。それを忘れてはならないと思います。

「努力・精進・訓練」と「その間に耐えていくだけの忍耐力」が必要

みなさまの先輩がたを何人か見させていただいてはおりますが、非常に〝ディベータブル〟な方、要するに、議論をやればすぐ打ち返してくるような方も多いし、頭はその意味ではいいです。それから、クリエイティビティー（創造性）も十分ある方がとても多いのです。さらに、〝天狗《てんぐ》のなかの天狗〟とも言えるぐらいの、ものすごい自信を持った方もいて、(教育する)先輩がたも本心では困っています。「これどうしようかな、どうやったら教育できるのだろうか」というような方も一部いらっしゃいます。もう、とにかく偉くなりたくてしかたがないという塊《かたまり》のような人もいることはいるのです。気持ちは分かるし、能力が高いのも分かるのだけれども、いろいろなことを知ること、経験することを一定の部分やらないと、力が空回りして働かないのです。ここのところを我慢できるかどうかというところが大事なのです。

みなさまがたの先輩に「HSUの入学生に言っておくべきことは何かありますか」と訊いたら、「とにかくうぬぼれないで、謙虚であってください。それから、狭い世界で安住しないでください。狭い世界だけで、もう出来上がらないでください。目を開いて、広い世界を見てください。それから、謙虚でないと成長しませんよということを、ぜひ後輩には伝えてほしい」というようなことを言っていましたので、このへんを言っておかなければいけないかなと思います。

すごい自信を持っているのは、本当のものもあると思うのです。「私たちは、ガラクタの学問ではなくて、本当に世の中のためになる学問をやっているから自信を持っているのだ」というところはあると思うのですが、それを実際の仕事として社会に還元していくまでには、やはりある程度、この世の人間としての努力・精進・訓練等を経なければいけないのです。そうでなければ、そうはいかないので、その間、耐えていくだけの忍耐力は必要だと思うのです。

頭がよくても、数十年知識や経験を積んだ人にはとうてい届かない

私自身、考えてみましても、大学生になったころと今の自分を比べてみると、もちろん、試験のような勉強をやらせたら、それは大学生になったころの自分のほうが速く、要領よく、点数を取れるような勉強はできるかなと思うことも多い

のです。しかし、その後、何十年間も勉強し続けてきたことを考えると、同じ私でも、大学に入ったばかりの私と、それから四十年以上たった現在の私との二人が会ったらどうなるかということを考えてみると、「その後、四十数年分勉強し続けた自分に、昔の自分は絶対勝てないな」ということは分かります。これはどうしたって無理なのです。「時間的にこれだけ勉強しなければいけない。あるいは、経験を積まなければいけない」と思ったら、とうてい届かないということは分かります。そのへんがうぬぼれてはいけない部分なのです。

みなさまがたは、一般の大学にいる方よりも、例えば、英語などもとてもよくできるようになります。大学（ＨＳＵ）にいる間に、よくできるようになります。しかし、学校だけではなくて、私が英語の教材をつくり続けていることとも関係があって、幸福の科学の職員なども英語の勉強を続けているのです。

若いときには、頭がよくて成績などがいいことも、自慢にはなります。例えば、今日来ている人のなかにも、高校時代に英検一級とかに受かっている方もいると思いますし、ＴＯＥＩＣも最初から九百点台を取る方もいると思います。けれども、「だから、もうこれでだいたいできている」と思ったら大間違いなのです。ＴＯＥＩＣ九百九十点の人を海外に送って「伝道しろ」と言って、できるかといったら、できないのです。なぜできないか。それは、「人間として必要なこと」「教え」、それを全部説けないからです。学んでいませんから。だから、英語ができても、それだけでは駄目なのです。

英語や勉強は続けなければいけませんが、それ以外の知識や経験を増やしていかないと、相談を受けたり、人に対して、アドバイスをしたりできないのです。この〝膨《ふく》らみ〟がないとどうしても駄目なのです。

「そうした点数的なものは一つの努力の目標ではありますが、それは最終ではないのだ」ということを、どうか知っておいてください。

逆に言うと、「昔はそうした英語の試験の勉強はしていなかったけれども、教団ではやっているから」といって、四十代、五十代、六十歳を過ぎて英語の勉強をもう一回やり直して、五十代になって英検一級に受かったり、六十代になってＴＯＥＩＣを九百何十点取ったりするような人も出てくるわけです。こういう人たちは、ある意味ではすごいのです。頑張っているのです。それ以外のいろいろな仕事をやって経験を積み、家庭でもいろいろな努力をしてきて、さらに、学生の気分になって勉強して、もう一回ぶつかってやっている。つらいことです。

例えば、（ＴＯＥＩＣ試験などで）二時間、マークシートを解くのも、六十歳にもなったら、はっきり言ってかなりしんどい話です。一ページずつ休みながら、お茶を飲みながらやりたいというのが、正直なところです。でも、「それをやっている人は畏《おそ》るべしだ」と思ってください。そういう人がいっぱいいます。本当にいっぱいいて、ずっと「永遠に精進を続けている」ということです。

最後は、「やってのける力」が必要

釈尊の徳の話もしましたが、もう一つは孔子の徳の話も有名です。徳とは何かということを言うと、だいたい「智《ち》・仁《じん》・勇《ゆう》」です。智は、「智慧」の智です。それから仁の心というのは、今の人は少し分からないだろうけれども、「愛の心」です。「人を愛する心」だと思います。それから勇は、「勇気」です。

これを現代的に言い換えたら、どういうことになるでしょうか。

ガラクタの山のような学問はいっぱいありますが、そういうものを少し上手に過ぎ越して、本当に人生の力になり、世間のためになるようなことを勉強して、自分の智慧とする。

それから、勉強をし続けると〝自己中〟になりやすいので、そうはならずに仁の心を持つ。他の人に対する温かい気持ち、人を助けたいという気持ち、救済したいという気持ち、こういう気持ちを持ち続ける。

さらに、勇というのは、これはある意味での決断力であるし、判断力であるし、やってのける力だと思うのです。

秀才の弱いところは、最後の「勇」のところです。やはり、「やってのける力」が弱いことが多く、責任を取らないように上手に逃げるのです。テレビ等で国会中継などを観ていたら、かつて大秀才だった方々が、いろいろな仕事をなさっていますが、いかに責任逃《のが》れするかというようなことを上手に上手にやっています。けれども、この責任逃れをすることで、自分を護ることだけを仕事にするようでは、実際上、何の付加価値も生んでいないのです。

そうではなくて、やはり勇気を持って突破していくことが大事です。やってのける力というのは、ものすごく大事なことです。これは心してください。いかにして、自分への攻撃や失点を逃れるかというようなことばかり考えているような人間には、徳がないから、結局、人がついてこないのです。

だけど、やってのける人、「ああ、この人についていったらやってのけるから、この人についていこうか」と思われるような人には、だんだん人望が集まってくるのです。

この「やってのける」ということ、特に、「静かにやってのける力」というのが大事です。その人に任せておくと、サーッとやってのける。そして、だいたい間違いがなく、そのとおりとなる。これは、安心して仕事を任せられるタイプです。

その人に任せると、やってくれるけれども全然違うことをやって、もう一回やり直さなければいけないとなったら、これは時間の無駄です。繰り返しいろいろなことをやらなければいけなくなるので、任せられません。

だから、「正確にやるけれども、静かにグッとやってのける」、それから、「頼んでいた趣旨をよく理解して、それ以上のところまでやって、上司に当たる方々の時間を浮かせるというか、有意義に使ってもらえるようにしていく」、こういう力が大事です。勇気が要るのです。

秀才のなかには、ミスを恐れて何もしない、あるいは逃げていく傾向の人が多いのです。これは私もたくさん見てきたのですが駄目です。基本的にこういう人はマイナスなのです。新しい価値を世の中に生み出すためには、最後は「決断」だし、「やってのける力」が必要です。これは、どの世界に行っても必要なことだと思っています。

4　新文明の源流に立って努力に生きよ

人生は終わりなき戦い

それと、ＨＳＵに学んで、満足するところも、不満なところもおありだろうとは思います。けれども、いったん決めてやろうと思った以上、そのなかで最大限に学び取れるものを学び取ってください。そして、ほかのところで学べないものをここで学び、まあ、ほかのところで学ぶべきものや少し足りないものもあるかもしれませんが、それは自分なりの努力をして埋めていくという感じでしょうか。そうした努力をしてください。人生、一生を貫く、そうした態度をつくることができたら、学生時代は成功だと思っています。

私は十歳ぐらいから勉強をまともにし始めたかと思うのですが、もう五十数年、勉強し続けています。英語なども十二歳ぐらいから始めたとして、もう五十年以上やっています。

五十年以上勉強を続けていると、まあ、発音などいろいろあるとは思いますが、外国の英米人よりも、英語の教養はこちらのほうが上になることもあります。五十年という年数は、そのくらいのものなのです。このように、いろいろなことを知ることができるようになってきます。

恥ずかしながら、今、私は幸福の科学の仕事をしていますが、今日、三千百回目の説法をしています（説法当時。二〇二五年三月時点で、三千五百回以上の説法を行っている）。今年の六十一回目の説法になります。こうした仕事をしたり、実務判断をしたり、報告書を読んだりするなど、いろいろな仕事はしています。それでも私も毎日、英語、ドイツ語、フランス語、中国語、スペイン語の五カ国語を勉強しています。

はっきり言って使えるのは英語ぐらいで、他の言語は役に立ちません。英語は日本語の三分の一ぐらいはできるので使えますが、あとの言語はまだ使えません。使えないけれども、「いろいろな外国に行くと、いろいろな国の人が講演会にいっぱい来るので、片言《かたこと》なりとも聞き取りたいし、片言なりともしゃべれたらいい。それから英語でも、『スペイン語訛《なま》りだ』『フランス語訛りだ』『○○語訛りだ』と、訛っている人がいっぱいいいる。例えば、中国語訛りを頭のなかで変換して、『真っ当な英語にするとこうなる』と聞き取ることが必要なので、少しでも、何パーセントでもいいから、できていればいいかな」というつもりで、まだやっています。

だから、「人生、終わりなき戦い」だと思っています。

みなさんはまだまだ若いので、今、考え方を間違えなければ、これから、もっともっと大きな成功は可能だと思います。

最後は、「どこで勉強したか」は関係ないのです。「みなさん自身がどうなったか」なのです。これが勝負ですから、どこを出ようが関係ありません。最後はやってのけたその実績、そして、それが多くの人に認められ、影響を与え、それから人々に感動を与える生き方ができたら、みなさんの人生は成功だと思うのです。

いろいろなことを勉強することの大切さ

先ほどの歌（「ときめきの時」）は、もうすぐ発売されます（二〇二〇年五月に発売）。けっこう厳しいことを言っていますが、全部当たっていますから、よく聴いて、ときどき反省に使ってください。私が言いたいことも、あのなかに入っています。

歌で分かることもある。六分ぐらいの歌のなかに、教えも入っています。幸福の科学にはこういうものもあるのです。

英語も先ほど述べたように、勉強できる人は増えますが、では、私のつくった歌を英語に翻訳《ほんやく》できるかといえばどうでしょうか。国際本部などにも〝英語天狗《てんぐ》〟はいっぱいいいますが、「英語の歌に換えてください」と歌詞の翻訳を頼んだら、とたんにできないのです。ボロボロです。「では、お経《きょう》を翻訳して英語で書いてください」と言ったら、やはり書けない。詩を英語に翻訳するのはやはり難しい。いや、それは難しいのです。日本語でそうした能力を持っていなかったら、英語に翻訳することはできないのです。日本語で歌の歌詞を書けるぐらいの能力がなかったら、それは英語に直せない。

それから、子供用のものでもそうです。絵本なども出していますから、英語で訳したりもしますが、絵本を子供言葉、面白《おもしろ》い言葉で、日本語で書けないような人が英語に訳せるかといえば、訳せないのです。やはり駄目なのです。

そのようなもので、「ほかに勉強したものも、全部いろいろなものにスッと流れ込み、総合的に入ってくるのだ」ということを知ってください。

「われ今、文明の源流に立つ」という自覚を持て

ここには、ピラミッド型の有名な礼拝堂があり、そこに上《のぼ》っていく階段を「徳への階段」というそうですが、徳への階段を持っている大学というのは、ほかにないと思います。誇りに思ってください。

今年はまた大学審議会に答申しておりまして、今年いっぱい審査があります。どのように結果が出るかは知りませんが、もしかすると、みなさまがたの全部ではないかもしれませんけれども、一部、何割かはＨＳＵの入学生としては最後になる可能性もあります。来年以降、幸福の科学大学として入学する方も出てくるかもしれません（編集注）。

ただ、国の制度がどうであれ、私たちが本当に教えたいことは、一貫して貫いて教えるつもりであります。今、みなさまがたが教わっていることが、これから

新しく入ってくる方々が教わることよりも落ちるということは、絶対にございません。だから、それは自信を持っていてください。

そして、あなたがた自身の力で、次は組織の力を挙げて、全世界で、新しい文明の源流から大きな文明をつくっていくのだという、そういう気持ちを持ってください。「今、文明の源流に立つ」「われ今、文明の源流に立つ」ということを繰り返し自覚してくだされば、今日の入学式は十分な成果があったと思います。

ありがとうございました。

（編集注）学校法人幸福の科学学園は、二〇二〇年七月、文部科学省に幸福の科学大学認可申請をしていたが、審査の過程で、「本学が目指す教育の実現が難しくなる」と判断し、申請を取り下げている。

特別掲載

映画『奇跡との出会い。――心に寄り添う。3――』挿入歌

ときめきの時《とき》

作詞・作曲　大川隆法

君《きみ》の人生《じんせい》は、
そんなにつまらないかい？
バカバカしい世《よ》の中《なか》だと思《おも》っているかい？
この世《よ》は何《なに》もかも面白《おもしろ》くいかなくて、
腹《はら》が立《た》って、
世間《せけん》を飛《と》び出《だ》したくなるかい？
時《とき》には、どこかに姿《すがた》を隠《かく》してしまいたいかい？

死《し》にたい時《とき》もあるさ。

親《おや》の意見《いけん》が、
腹《はら》が立《た》って、
家《いえ》を飛《と》び出《だ》すこともあろうよ。
彼女《かのじょ》なんてできても、
あぶくのようにすぐに消《き》えていく。
つまんない、
こんな人生《じんせい》、つまんないと思《おも》うかい？
金《かね》を稼《かせ》ぐのに、
何《なん》で朝《あさ》からネクタイを締《し》めて、
会社《かいしゃ》に行《い》かなきゃならないんだって、
不満《ふまん》に思《おも》うかい？

世《よ》の中《なか》は、悪《わる》い人《ひと》に満《み》ちて、
世《よ》の中《なか》は、君《きみ》を迫害《はくがい》してばかりに見《み》えるかい？
親《おや》も、友達《ともだち》も、彼女《かのじょ》も、

自分《じぶん》を裏切《うらぎ》ってばかりだと思《おも》うかい？
人《ひと》はみんな、
君《きみ》に嘘《うそ》をついて、
君《きみ》だけが被害者《ひがいしゃ》だと思《おも》うかい？

だから、君《きみ》には、
奇跡《きせき》は起《お》きないんだ。
どうしてこんな簡単《かんたん》なことが、
君《きみ》の頭《あたま》には、分《わ》からないんだ？
「人《ひと》や環境《かんきょう》のせいにするな」って、
君《きみ》たちの先生《せんせい》は、
いつも言《い》ってるじゃないか？

それぞれが、
はじまりなんだ！

自分《じぶん》の愚《おろ》かさを、
自分《じぶん》が嘆《なげ》かないで、
一体《いったい》、人《ひと》に嘆《なげ》かして、
どんな道《みち》が開《ひら》けると言《い》うんだい？

だから、愚《おろ》かなのは、
君《きみ》の頭《あたま》だ。
だから、足《た》りないのは、
君《きみ》の真心《まごころ》だ。
だから、怒《おこ》られるべきは、
君《きみ》の行《おこな》いなんだ。

それが全部《ぜんぶ》分《わ》かったら、
両目《りょうめ》から涙《なみだ》が流《なが》れて、
悔《くや》しくて、悲《かな》しくて、手《て》をついて、

謝《あやま》りたくなるだろう。
その時《とき》に、神《かみ》の心《こころ》が少《すこ》しだけ分《わ》かるのさ。

若者《わかもの》よ、傲慢《ごうまん》になるなよ。
赤《あか》ちゃんの心《こころ》で、
いつまでも生《い》きちゃいけない。
夫婦《ふうふ》になったとしても、
親《おや》の恩《おん》を忘《わす》れちゃいけない。
年《とし》を取《と》ったら、
その分《ぶん》、世《よ》の中《なか》にお返《かえ》しをしなくちゃいけない。

人《ひと》としての当《あ》たり前《まえ》の生《い》き方《かた》が、
奇跡《きせき》を呼《よ》び込《こ》む。
簡単《かんたん》な原理《げんり》だ。
蓋《ふた》をしてるのは君自身《きみじしん》だ。

だから、本当《ほんとう》の愛《あい》とは何《なに》かを、
学《まな》ぶんだ。

人《ひと》を愛《あい》したと、言《い》えるか。
人《ひと》にやさしく伝《つた》えたか。
人《ひと》を苦《くる》しめて幸福《こうふく》になれるわけがない。
そんなことは誰《だれ》だって分《わ》かるだろう。

だから、素直《すなお》に生《い》きようぜ。
Ha ha… Ha ha… Ha ha…
バカ息子《むすこ》!
Ha ha…
ドラ娘《むすめ》!
Ha ha… Ha ha… Ha ha…

第2章

脚下照顧《きゃっかしょうこ》

2021年3月14日
「ハッピー・サイエンス・ユニバーシティ」
卒業式にて

1　これから社会人になる人に必要な「脚下照顧《きゃっかしょうこ》」

ＨＳＵ卒業生の評価はまだ分からない

着物姿の方もおられて、ちょっと華やかな感じですね。これから社会人になられる卒業生のみなさまに、焦点をなるべく絞ってお話ししたいと思います。

ＨＳＵでの四年間、もしくは二年間の課程を終えられ、これから実社会に出られるみなさんです。報告によりますと、四年制の方の就職内定率は九十八パーセント、短期課程（二年制）の卒業生の就職内定率は百パーセントとのことです。コロナ禍《か》で去年から、厳しい経済環境のなか、各社潰れる危機のなか、リストラをやり始めている最中《さいちゅう》ということであれば、まあ、よく頑張っておられるのではないかと思います。

ただ、まだこれは、先ほどの歌ではありませんが、本物の成功ではありません（編集注。本法話の前、楽曲「偽りの成功」〔作詞・作曲 大川隆法。映画「美しき誘惑――現代の『画皮《がひ》』――」挿入歌〕の歌唱が披露された）。本当にＨＳＵの卒業生たちが立派に成長して、成功して、社会で評価され、認められ、「だから欲しい」と言っていただき、九十八パーセントなり百パーセントなりの就職内定が出ているわけではまだありません。

今、出ているのは、期待値です。「そのようになってくれるのではないか」という期待で、引き受けてくださっている方がたくさんいますが、それほど活躍できるかどうかは、幸福の科学においても、「大黒天企業」という経済的サポートをしてくださっている企業においても、一般の企業においても、まだ結論は出ていないだろうと思います。

みなさまがたの先輩といっても、（社会人になって）せいぜい二年ぐらいしかたっていませんので、そう重要な仕事を任されているわけではありません。

私の見る範囲でも、まだ、そんなに「傑出《けっしゅつ》してできる」というところまで評価が上がっている人がいるわけではありません。ただ、それは、今はまだそういう立場には立っていませんので、まだまだ基礎的な訓練をされ、普通に仕事ができるところを学んでいく途中ですから、これからどのようになるかは分からないと思います。

年齢ごとに人材の見極めがなされる

実際、三十歳ぐらいになったらやっと、筋《すじ》ははっきり見えてきます。三十歳ぐらいになっていくと、第一段階で、「これは幹部用になる人かな。あるいは幹部はちょっと無理かな。専門職的に、何か自分の特技を生かした面で活躍されたほうがいい方かな。あるいはそれ以外の、幹部や専門職にはなれないけれども、教団全体を維持していけるように、あるいは会社での仕事がうまくいくように、そのなかの一員として縦糸と横糸を結ぶ結節点のような立場で組織を守り、維持し、発展させていくための努力を積み重ねていくタイプの人かな」という筋の見極めが来ると思います。

四十歳ぐらいになると、「人が使えるかどうか」というところが、もっとはっきりと出てきます。個人として優秀でも、人が使えない人の場合は、残念ながら立場を上げすぎると、「個人としての成功・失敗」を超えて、「全体としての成功・失敗」が出てきますので、成功も大きくなるけれども、失敗も大きくなります。

そういうことで、自分自身が仕事ができるかどうかということ以外に、「人を使ってやったときに、いい仕事ができるかどうか」ということが、試されるようになってきます。これについては、それまでの精進や、もちろん生まれ持っての性質・性格も関係してきます。それまで何をしてきたかということが、全部出てくるところなのです。これが四十歳ぐらいで管理職になっていくあたりでの線引きです。

さらに、五十歳を過ぎるぐらいになってくると、「本当に大きなところをポンと任されて、やっていけるかどうか」という判断になります。例えば、ＨＳＵを任されるとか、政党を任されるとか、大きな正心館の館長をポンと任されるとか、地方本部長あるいは局長など、そういうところをポンと任されて、それができるかどうかです。それぞれの仕事の目的は限られていますけれども、ある意味で分社制のようになっているので、そこでの社長のようなものです。それができるかどうか。

ここでもチェアマンやプリンシパルなどがいますけれども、彼らがどんな仕事をしているか、私は見ていません。報告はたまに来ます。実際にそのとおりにやっているかどうか、そんなことは分かりません。ただ、不満が出てくる場合はときどき聞こえてきますけれども、あとは任せています。

　まあ、一年に一回ぐらい、就職内定率などは分かります。あるいは、「みなさまがたの成績がこうなっている」「英語の平均点が、学年あるいは学校全体でこんな感じになっていて、全国の大学生と比べたらこのくらい上になっています」とか、そういう報告は折々にもらいます。教団で、二十年、三十年と修行された方は信頼しているので、ある程度お任せしています。「困ったことがあれば何か言ってくるだろう」「言ってこなければうまくやっているのだろう」と思っているし、自分で創意工夫して前進していくように、何かは努力されているだろうと思っています。

経営理念をつかんで、自分の役割を理解せよ

　私のやり方は基本的に、「コンセプトをつくって方向性を決める。それから、最初の、初動期のソフトというか、何をやるかという中身の方向性をだいたい出

す。あとは、任せたらしばらく様子を見て、具合が悪い方向に向いているようなら方向を変えるように言うし、うまくいっているなら、そのまま、ずっとやらせていく」というかたちです。適宜《てきぎ》いろいろな報告は入ってきますが、いったん任せた場合は、口はほとんど出しません。ただ、全体的に成果があがっていないような場合は、人事異動などをすることはあります。これがだいたい幸福の科学のやり方です。

また、就職される方が多い大黒天企業のほうは、それぞれいろいろなやり方を持っておられるでしょうから、そちらに進む人は、入社したあと、トップの方、経営陣の方々のご意見を聞いて、自分のあるべき姿を考えていただきたいと思います。

当会の大黒天企業をやっておられる方々は、これから大いに伸びていこうとされているところだと思いますが、現在、個人の努力や会社の努力だけで生き渡っていけない部分、すなわちコロナウィルスの蔓延《まんえん》や、行政におけるさまざまな法令による自由の束縛《そくばく》もありますから、経済原理が通常どおりは働いていません。行政が言っていることをそのまま守って、潰れていっているところもいっぱい出ていますし、守っても、生き残っているところもあります。あるいは、それとは違うやり方をしているところもあると思います。

それから、一般の企業に入られる方もいると思います。それぞれ会社にはだいたい経営理念というものがあります。その経営理念に当たるものをキチッとつかんでから、自分の役割を理解していかないといけません。「自分がこうやりたい、ああやりたい」という思いが先にあっては駄目です。そうした大きなところをキチッとつかんだ上で、「自分のところに下りてくると、どんな仕事をなすべきであるか」を考えなければならないということです。そういう考え方をしてください。

大志《たいし》だけではなく、中志《ちゅうし》・小志《しょうし》を忘れてはいけない

みなさんは、とてもやる気はあるだろうと思います。それは、「志《こころざし》」という言葉で言い換えてもよろしいのですけれども、「大志《たいし》」は持つべきです。大きな志は持つべきです。ただ、「大志」と、毎日毎日の仕事のなかにおける「小さな志」とには、違いがある面があると思います。

小さな志においては、「今、与えられている仕事ができるようになるには、どうするか」という問題があるし、「それができるようになるための勉強とは何か」というような、ミクロの問題があると思います。でも、「それをやってのけないと次には行かないのだ」ということです。

最初に与えられる仕事は、そんなに面白《おもしろ》くもないかもしれないし、自分が考えている大きな理想から見たらあまりに小さくて、「何だ、こんなもの」と思うこ

とがたぶんあるだろうと思います。しかし、もっと細かく言えば、「大志」があって、五年、十年ぐらいの「中志《ちゅうし》」があって、そして、毎日毎日あるいは一週間や一カ月単位での「小志《しょうし》」があるべきものなのです。このへんを忘れないでください。

だから、大きな志があって、それで全部いけると思ったら間違いですし、小さなことしか見えていないようであれば、これもまた失敗します。小さなことだけをずっと思っていて、その会社の経営理念とか、幸福の科学で言えば教団としての理念、ここを見ておらず、自分の仕事だけをやっていると、何かの応用動作が出てきたときに判断を間違えます。

全部、「こうしろ、ああしろ」と指示してくれるわけではありません。また、これから初めて経験することについての説明書や指示書があるわけではありません。それを判断するのは、先ほど言ったような「大きな自分の希望」というか「志」と同時に、会社なり組織なりが持っているところの「経営理念」あるいは

「運営方針」のようなものを理解できているかどうかということです。これに基《もと》づいて判断するのです。

あるいは、これだけで十分でなければ……。例えば、みなさんが就職する会社などには、一九九〇年代ぐらいに幸福の科学の信者の方が創業されたところが多いと思いますし、教団の考え方をそうとう取り入れておられると思いますが、やはりそれぞれの仕事は違います。そのなかで、経営者が自分の会社の経営理念を何か持ち、それについて折々に話をされているでしょう。そうした折々に話された内容が「文化」となって、その企業のなかに流れているはずなので、これを理解しなければいけないと思います。

こうした創立の理念や経営の理念を理解した上で、そこを引っ張っている人たちがどんな努力を積み重ねてきたか。折々に、危機あるいは好調のときに、どんな判断をされ、発言をされたか。こういうものを先輩がたから聞き、学んで、吸収していかなければいけません。それが、「今日のあなたの仕事、明日《あす》のあなたの仕事をどう判断するか」を決める内容になっていきます。そういうことをまず考えておいてください。

大海原《おおうなばら》を飛んでいくためには、日ごろの小さな鍛錬や自己探究が必要

まあ、「HSUの学生の質がどうであったか、卒業したあとの評価がどうであったかを細かく言われると、よいのか悪いのか分からない」という念波があちこちから来ています。「なるべく、それに触らないで話を終わってほしい」という念波と「よいことであれば、言ってもいいですよ」という念波が飛び交っているので、言いにくいのですけれども。

今年（二〇二一年）の卒業生のうち六十何人かは、幸福の科学のほうに出家される方々がいて、もう研修は始まっていると思います。配属面接のようなものはだいぶやっています。毎年やっているので、感想があるわけですが、昨日《きのう》、「今

年の人はどうですか」と感想を訊いてみました。

これはプラスになるか、マイナスになるかちょっと分かりませんが、「今年は天狗《てんぐ》が少なくなりました」という評価がありました。これは喜んでよいのでしょうか。マイナスに考えると、先輩たちはどうなのだという話になるので、そこは考えないでください。内容を聞かれるとは思いますが、そこは考えないことにして、「今年は天狗が少ない」という評価が返ってきています。HSUのほうでも対策を練られたのではないかと推定するので、一年や二年で対策ができるのなら大した教育能力だなと思い、驚いてはいます。

正直に言いますと、私は、「最初に卒業した方々には天狗が多いな」と思いました。でも、二年目になったら、「いや、もしかしたら天狗ではないのではないか」と思い始めました。「彼らは天狗ではなくて、『自分たちは天才だ』と思っているのではないだろうか」と思い始めて、「ああ、そうか。もしかしたら、天才だと思っているのか」ということを感じました。

　そういえば、私が過去、ＨＳＵ関連で話したことなどいろいろと検討してみると、確かにそちらの方向に行くように誘導していたのは間違いありません。「天才になって、世界に羽ばたけ」というようなことをずいぶん言ってはいたので、「そのとおり忠実にやっているだけであった。責任は総裁にあるのだ」と思いついたのです。「やはり教えというのは大事だな」ということです。

　最初、ＨＳＵからもらった演題はこうではなく、「校歌のなかにある『果てなき世界を照らせ』という感じの題で話をしてください」というので、来ていました。私もいったんオーケーを出していましたが、二、三日前に「脚下照顧《きゃっかしょうこ》」という題に変えました。「果てなき世界を照らす」などと言うと、それこそ、大きな翼をバッサバッサとしながら海原を飛んでいく感じになったら、これはやはり、なにかと間違われる可能性があるかと思います。

　校歌にその言葉が入っているからには、それが間違いであるわけではありません。けれども、〝その大海原《おおうなばら》を飛んでいく〟ためには、日ごろからの「小さな鍛錬の積み重ね」や、「『自分自身が何者であるか』ということの探究の積み重ね」があって、初めて時《とき》を得て、風を得て、空を飛ぶことができるのです。最初から崖の上から空を飛んだならば、真っ逆さまに落ちて海面激突です。そうなりますので、あまり大きく空を飛ぶことばかり考えていたら、やる気がありすぎて、入社一年目でゴツンゴツンに周りから言われてへこんでしまうという方もいます。

だから、このへんは、少し年数を経ながら教育をやっているわけですから、「ちょっとずつ賢くならなければいけない」と私自身も思っていますし、みなさんにも、そうであってほしいなというふうに思っています。

2　総合力を高めるための努力

世を照らそうとする前に
自分自身が正しい道を歩んでいるかを顧《かえり》みよ

「脚下照顧《きゃっかしょうこ》」という言葉は、仏教にちょっとは関心がある方や、お寺回りをしている方などは、目にしたことがあると思います。また、今までの話のなかでも何度か使ったことはあります。けれども、この題で話をしたこと、本を書いたことはないので、普通の仏教のいろいろな宗派のお寺などでも言われることではありますが、この当たり前のことをもう一度、今日、確認しておきたいと思うのです。

この「脚下照顧」というのは、「脚の下を照らすことを願え。照らすことを常に忘れるな。顧《かえり》みよ」ということです。

限りなく遠くをサーチライトのように照らす。灯台の灯《ひ》のように闇夜を照らす。霧が出ている夜、船が間違って座礁《ざしょう》したり、転覆《てんぷく》したり、ぶつかったりしないように、遠くを灯台の光が照らす。そういうことは非常に大事ですし、大願《たいがん》としてはそうでなければいけないと思います。世界を照らさなければいけないし、そんな仕事を私もしていますし、現に言論としては発信しています。

だから、そういう気持ちは頭のなかに持っていなければいけないことは、もちろんそうです。しかし、気をつけないと、遠くの船に道を示しているつもりでいたところが、自分自身は正しい道を歩んでいないということもありえるわけですね。自分自身のことは疎《おろそ》かにしてしまっているということはあると思うのです。

ここは要注意です。

まっさらな気持ちでスタートしないと新しく積み上がらない

特に大学卒業の時点では、最高学年というか、いちおう修了したという気持ちになっていますが、社会に出たときはいちばん底まで下がります。どこに行っても、これは本当に同じことです。職場が変わっても同じことが起きます。いったん、いちばん底まで下がりますから、スタート点にもう一回戻るのです。

フルマラソンを走ってゴールインしたと思い、「これで卒業だ」「これから羽ばたくぞ」と思っているのですが、どこに配属されても、いちばん下なのです。間違いなくいちばん下なのです。ここから、積み重ねていかなければいけないのです。

このギャップはけっこう、耐えられるものではありません。プライドが高い人ほど、これは厳しいです。「自分はもっとできるのだ」「何でも訊いてくれ。やらせてくれ」「ボンと投げてくれれば、ガンとやるのに」と思っている方は、いっぱいいると思います。しかし、そんなに甘くはないのです。

私はいろいろなことに対して、考え方を網羅《もうら》して説いているつもりではあるのですが、具体的な案件をその人の能力に合わせて、どうするかということになってくると、私の言うことも変わってきます。「あなたであれば、ここはこうしたほうがいい」というのは人によって違いますし、男女によっても違いはあります。年齢でも違いはあります。これは、自分の責任で考えていかねばならないことなのです。

だから、今までよいと思っていた価値観が、ある意味では崩壊するところが出てきます。そして、「まっさらな気持ちにならないと、少しも積み上がらない。新しい道が開けない」ということが起きると思うのです。

人間学を修《おさ》めるのは簡単ではない

それから、学部によって、学んだ内容もかなり違いはあるとは思いますが、自分が学んだ学問と関係のない、ほかの人たちは勉強しているかもしれないものも、仕事には関係してきます。そこについては、自分は学んでいないものがあるわけです。

「ええ？　だって学部があったでしょう。未来創造学部や未来産業学部、人間幸福学部、経営成功学部とかがあったから、各学部ごとで勉強しましたから、それでいいのではないですか」といっても、「では、経営成功学部で言えば、経営に成功するにはどんな要素が要るんですか」というと、やはり、ほかのいろいろな要素も入ってくるのです。それは、行く先によっても違いますが、いろいろな要素があります。だから、メーカー系の企業に行く方であれば、経営成功学部で勉強したからといっても、未来産業のことをまったく知らなかったというなら、これはもう一回、一から勉強のし直しは入ります。

「人間幸福学部の国際コースにいました。だから、海外伝道は任せてください」と、自信満々の方も入ってきます。でも、実際は、残念ながらできないのです。悔しいけれども、できない。「英語の成績はよかったのに、なぜできないんだ?」と悩みます。当然です。

それは、当会の仕事が人間学全体にわたっているからです。そんなに簡単に学べるような内容ではないからなのです。

だから、二十二、三歳の人で、五十、六十、七十、八十歳の人たちに、人生の道を説けるのであれば、それは大したものです。すごいです。だけど、たいていの場合はそうではありません。

例えば将棋《しょうぎ》では、十代でも今、八段を持つ人が出てきて、タイトルを取ったりしています(説法当時)。二つや三つ、タイトルを取ったりしていて、十八歳ぐらいで、もう「先生」と呼ばれます。

将棋については、もちろんそれでよいし、何か一言、色紙に書くぐらいのことはいいとして、では、十八歳のそのタイトルを持っている方に、人生万般《ばんぱん》の指南《しなん》を受けに行きますか。どうですか。やはり、「何も知らないだろう」と思ってしまうでしょう。

普通の社会人で二十五歳ぐらいの人であっても、将棋においては天才かもしれないけれども、その十八歳の人に、「私の仕事でこういうところが行き詰まっています」「上司とぶつかって困っています。どうしたらいいのでしょうか」「何かいい手はありますか」などと言ったら、腕を組んで考え込んでしまい、長考《ちょうこう》に入ってしまうでしょう。「自分には経験がないので分かりません」と。

「英語が伸び悩んでいるのですが、何をやったら成績が伸びるでしょうか」と訊いても、やはり腕を組んで「いや、私も学校へ行く暇が十分になかったために答えられません」となるでしょう。

このように、何かですごく目立っていて能力があり、みんなも尊敬している人は、世の中にいろいろな分野でたくさんいらっしゃるわけだけれども、オールマイティーではありません。答えられないものはいっぱいあるはずです。

人事異動ごとに早いうちに仕事ができるようにならなければならない

ですから、まず最初に配属されたところでガイダンスを受けながら仕事をしますが、仕事をやりながら、自分の仕事の延長上にあるものを勉強していかなければいけません。そして実は、ほかの人たちがいろいろなところで、どんな勉強をしているか、それについても少しずつ少しずつ勉強を同時に進めなければいけないのです。

情報を知識的に学べるものは学ばなければいけないし、他人《ひと》の話として聞けるものは聞かなければいけないし、まだそこではまったくのアマチュアなのだということは、知っていなければいけません。

一つの仕事だけを任せられると、一年ぐらいするとある程度できるようにはなってきます。それでちょっと鼻が伸びてきて、できるようになったかなと思ったら、人事異動などがあって移されます。

次の仕事に回されると、とたんにできなくなり、もう一回、「新入《しんにゅう》」みたいな感じになってきます。仕事が替わったらもう一回ガタンと下がるのですが、幾《いく》つか人事異動をしているうちに、最初のころよりは少しずつ少しずつ短い時間で同じレベルまで上がっていく努力をしなければいけないわけです。

「前は一年かかって、一定のレベルまで行った。次は半年で行かなければいけない」「次は三カ月で行かなければいけない」ということです。そして、だんだん、次に進んだら、「ああ、こう来たら、次はこう来ると思っていた」「よし、準備はしてあった」というような感じで、早いうちに、その仕事ができるようにならなければいけないわけです。

五十歳、六十歳になっても英語の勉強を続けている幸福の科学の職員

ここは上から下までいろいろな人というか〝種族〟が集《つど》っているところですので、みなさんのなかには、英語を一つ取ればすごくよくできる方もいれば、まだまだよその平凡な大学と同じぐらいの成績で〝えっちらおっちら〟やっている方もいることはいます。

本来、建てたときの理念から見れば、ＴＯＥＩＣが七百点に届いていない人は卒業できないことになっています。すると、ほとんどではありませんが、半分ぐらいは、引っ掛かる可能性があるかと思います。ただ、「野暮《やぼ》なことはおっしゃるな」ということなので、これからそうなるということでしょう。

でも、例えば、幸福の科学の職員になっても、〝いいおじさんたち〟がまだ勉強しているのです。一生懸命やっています。

もう五十、六十歳になって、二十二、三歳と一緒に試験を受けたりするのは、それはつらいですよ。きつい。「目がかすんで見えない」とか、やはり言っています。だから、読む速度が遅い。横文字や小さな字を読むのはやはりつらい。

「若い者はいいよな。試験を受けて点数が悪くても、最初はそんなものかと思われるけど、『部長を張っている』あるいは『局長を張っている』『地方本部長を張っている』とかいうことになると、部下になめられる恐れがあり、それはいけないから、一定以上頑張らなければいけない」ということで、そういうときに限って出張して、受けるのをやめたりするような人もいることはいます。

「どうせ悪い点を取るなら、思い切って悪い点を取ったほうが、忙しくて勉強する暇がなかったのだと思われるだろう」と思って、わざと低い点を取るような方も出てきます。まあ、いろいろありますが、けっこう厳しいのです。

みなさんには仕事はあるはずで、夜遅くまでやっている方もいらっしゃいますが、どこかで勉強の時間を捻出《ねんしゅつ》して、勉強しているのです。このへんをよく知ってください。勉強は終わりではありません。これからです。

いろいろな勉強を通して、年齢や立場相応の見識を身につける

ですから、まあ、もし誰かに当てはまることがあったら、失礼だから、許していただきたいと思います。その方がどうであるかは、ちょっと分からないので、許していただきたいのですが、例えば「HSUでは、TOEICで九百九十点を取っている方は今、四人ぐらいいる」と報告には書いてありました。毎年います。九百九十点を取っています。幸福の科学の国際本部長も、九百九十点です。HSUの卒業生も九百九十点です。この場合、学力が本当に一緒かどうかということです。これは実は、違いがあるのです。

その違いは何かというと、学生の九百九十点の方は、「よくできるのですね」ということで支部長にそのまま送ったらできるかといえば、できないのです。支

部長であれば、宗教全般のことはできなければいけないし、経典もほとんど読んでいなければいけないし、人生相談にも答えなければいけません。先ほどの、将棋の天才棋士と同じようなことが起きるわけです。

だから、英語ができるから海外に配属されるかと思ったら、「あれ？」となりますが、「まずは、国内の支部などに行って勉強しなさい」というようなことが起きます。

実は、「どういうことをやっているのかという業務内容」や「組織のなかでの独特の用語・言葉」「こういうときには、こういうふうに応対する」などといった、いろいろなものを学ばなければ、英語の点がよくても海外へ行って指導したりはできないからです。

ＴＯＥＩＣが九百九十点あっても、国内で支部長ができるぐらいの能力を持っていなければ、海外へ送っても実はボロボロになるのです。何をどうしたらいいか分からないからです。

特に外国に向けての説法ではまだ、各国の事情に合わせた、いろいろな細かいところまで詰められていません。だから、国内でやっているいろいろな指導、教えの方針を見て、「これを応用したなら、どうなるか」、例えば英語が使えるところなら、「英語が使えるところでこれを使うとしたら、どのように言うべきであるか」を考えて、出さなければいけないわけです。これは、答えがない場合があるのですが、これで大きなハズレをいっぱい出すと、「英語はできたのに仕事ができない」ということで、帰されることになっていきます。

このへんがとても難しいところで、もう総合力になるのです。いろいろな勉強をしたことが、総合力になります。

よい成績を取るための勉強だけに絞り込み、時間をかけてそこだけやると突破できることは多いのですが、実際に仕事をやる場合になると、いろいろなものを知っていなければ、できなくなってきます。これは厳しい。とても厳しいけれども、やり続けるしかありません。一気に手に入ったりはしません。

だから、努力、努力、努力なのです。そして、年齢相応、立場相応の見識を身につけなければいけません。これは「脚下照顧」のところです。

3　小さな仕事を積み重ね、世界の繁栄を支える力となれ

水面下での努力を習慣化しつつ、周りの人と協調して成果を出す

「灯台の光で、限りなく遠くまで照らしたい。世界の隅々まで照らしたい」。気持ちとしては、私もそう思っています。みなさんにも、そうなってほしいと思っています。

しかし、個人個人に返ったら、毎日毎日の努力であり、二十四時間の使い方をどうするかです。ほかの人も同じ二十四時間だけれども、これをどう使って、自分の仕事のできる範囲を広げ、レベルを上げていくか。ほかの人から、「助かった。君が来てくれて、よくなったよ」「前進したよ」「社業が発展したよ」、ある

いは「教団の教勢が伸びたよ」と言ってもらえるようになるには、これは個人個人の努力が積み重ならなければいけません。

この個人の努力をやると同時に、全体としてのチームワークや、あるいはプロジェクトとしての成功などもやらなければいけなくなります。そのへんの難しさはあるということです。

限りなく「個人の努力」ではありますが、個人の努力だけでやっていると、すごく〝自己中〟な人間になってしまう場合もあります。だから、個人の努力を続けつつも、社会人になったら、今度は「周りの人と協調してどういう成果を出すか」「課全体で、部全体で、会社全体で、あるいは教団でどういう成果を出すか」ということも同じく考えなければいけません。

学生時代であれば、誰かが受かって誰かが落ちるとか、上か下かとか、こうしたものが個人的に出ると思います。しかし、それだけでは済まなくなってくるということです。

ですから、個人の努力は限りなくやっているけれども、それはもう当たり前のことだと思うようにならなければいけません。

水鳥《みずどり》が水面下で足を一生懸命かいていますが、これは別に努力してかいているのではなく、当たり前にやっていると思います。慣れてきたら当たり前になり、水面下で水をかき、上の見えている部分はスーッ、スーッと進んでいるだけです。スーッと水の上を滑るように進んでいますが、水面下では一生懸命、水かきでかいていると思います。

ここのところについては、最初は努力感が要るけれども、慣れてくれば努力感ではなくて、何と言うか、機械的にやっていけるようになるのです。これが一つの狙い目です。「習慣の力」というものです。「習慣の力」でごく普通に当たり前にやっていき、進んでいく努力をする。そして、水面の上の部分は、周りの人たちを見、世界を見ながらやっていかなければならないということです。

英語力だけでは、国際情勢などを正しく判断することはできない

私は今朝起きてから出てくる前に、今出ている『黒帯英語十一段④』の後半の、カナダ巡錫《じゅんしゃく》のところを読んできました。自分の英語説法の要約とその日本語訳、それから、中国系カナダ人で、カナダでウイグル解放運動をやっている人たちが会場に来ていたので質問を受けて、私が答えたものが載っているわけですが、そのところを朝来る前に読んでいました。

自分がつくって世に問うたものについては、品質管理上、全部読まなければいけないので読んでいますが、読んでいて「確かに難しいものだな」と思いました。英語ができるというだけでは駄目で、要するに、国際情勢や国際政治についての知識あるいは見識がなければできないのです。

カナダで中国に弾圧されている人たちを助けようとして運動している活動家た

ちは、やはりそうとうの強者《つわもの》で、行動力もあります。私が講演する直前に向こうの新聞に、「現地の北京《ペキン》寄りの中国現体制維持派の中国人留学生や、中国から来て仕事をしている人等が、彼らのデモを阻止する」という場面が写真で載っていました。そういうものが出ていたので、私は、「講演のときに、そういう阻止組の方がいっぱい入ってきて、大声で叫んだり、講演を邪魔したり、あるいは周りを囲んだりすることがあるかもしれない」と思ってやりました。

幸いにそういうことはありませんでしたが、そうした現実に体を張って命を懸けて活動している人の真剣な質問に答えるというのは、とても勇気が要ります。勇気だけでは足りない。英語力だけでも足りないのです。英語力はネイティブ並みの英語力が必要ですが、ネイティブであっても、答えられないものは答えられない。なぜかというと、「国際情勢をどう判断するか。何が正しいと思うか。何をどうしたら、それを変えられるか」ということになってきたら、とても厳しいからです。

でも、そのなかで、質問した人の一人が、「大川総裁は、いろんな機会で講演し、本を書き、意見を発信できるチャンスがあるから、いろんな機会でいいから、一回一回、ウイグルが弾圧されているということを言って回ってください。それを積み重ねていけば広がっていくと思いますから、言ってください」というようなことを言われました。それは、二〇一九年の秋のことです。

その（講演の）前に、ウイグルの日本の代表の方が、幸福実現党のほうにお願いに来たことがあります。当時は安倍さんが総理をしていましたが、「安倍首相のところに何回もお願いに行き、どうにかしてくれと言っても、全然聞いてくれないし動かないので、もうここしかないと思って幸福の科学のほうにお願いに来ました。もう大川隆法先生しかできる人はいないと思うので、どうか、ウイグルの人たちを助けてください」と言ってこられたのです。

「この義を感じて行動しないとは、勇なきなり」ということですので、私はドイツの講演でも言いましたし、カナダでも言ったし、アメリカでは言いませんでしたが、台湾でも話しました。いろいろなところで話をしたのです。

仕事は小さくても、大きな志《こころざし》は持っていてほしい

もちろん反対側の方々も一部入っていますので、情報は取られております。台湾で話したときなどは、台湾の人たちに向けてのスピーチでしたが、ちゃんと本土からのスパイも入っておりました。

台湾は、蔡英文《さいえいぶん》さんの（総統《そうとう》選の）ときです。「独立するか、それとも、中国の一部になって吸収されるか」ということで、国が割れていた状況でしたけれども、私が言ったのは、次のようなことでした。

「独立するかどうかが問題なのではありません。台湾はすでに独立しています。中国共産党に支配されたことは一度も過去ございません。毛沢東《もうたくとう》が共産党で政権を立てたのは一九四九年です。しかし、その前に台湾はありました。あえて言え

ば日本の植民地であったわけですが、『日本が敗戦したことにより、自動的に独立することができるようになった』ということであれば、日本からは独立したかもしれないけれども、中国共産党から独立したわけではないですから、あなたがたは、メインランド中国の一部ではありません。だから、すでに独立している」というようなことを私は言いました。

「特に、民主主義と議会制が存在しており、さらに選挙型のカルチャーも根づいており、信仰もある国になっていますから、まったく別の国です」というようなことを私は述べました。

蔡英文さんにも招待状を送ったのですが、この日、忙しいということで、側近の方が代わりに来ておられたのですけれども、次の選挙で当選、再選されたときには、私が言った言葉をそのまま引用して、演説か何かで使っておられました。「台湾はすでに独立している」とまったく同じ言葉を使っておられました。緻密《ちみつ》に読んでおられたということだと思います。

でも、そのときの話のなかでは、たぶん北京派の人も来ているとは思っていましたが、「私は中国の人を憎んでいるのではありません。中国の人を愛しています。好きです。だから、もっと幸福になっていただきたいのです。私が言っているのは提案です。（中国共産党のような）そういうやり方もあるけれども、別のやり方で、もっと幸福になる方法があるのなら、それを考えてみるべきではないか」というようなことも言いました。

そうしたら、共産党の方があとで号泣して、「本当にうれしかった」というようなことを言っていましたし、不思議なことに私の講演した翌日には、中国の外務省から日本の外務省に、「日本は中国に対する外交方針を変えたのか」という確認が入っていました。早いです。私が台湾で話した翌日です。外務省に、「日本は方針を変えましたか」という確認が入っていました。

そのときは、外務省のほうも何が起きたか分からないからキョロキョロしていて、「いや、今のところ何も出ていないのですが」というようなことを言っていましたが、今は変わっています。私が講演して一年ちょっとたち、今は「香港《ホンコン》に対する対応がおかしい」とか、「ウイグルに対する対応がおかしい」とか、欧米と同じような方向で意見は言っています。実行力はまだまだとても怪しいレベルですが、一年以上遅れて同じようなことをいちおう言ってはいます。

あちこちで言って回ったことが、だんだん日本の大手新聞に書かれるようになり、さらにテレビのニュースで扱われるようになり、言論人がいっぱい言うようになり、だんだん世界のメディアでそれを問題として言うようになってきております。それは、私が頼まれる前はなかった状態で、そういう問題は完全にないことになっていました。

こういうもので、仕事は最初にやるときはまったく動かないように見えるのですが、やり続けていくとだんだん広がっていきます。良心に訴えていますから、多くの人がそうして動いていくのです。

このような大きな世界レベルでの戦いがあり、今はミャンマーについても意見を言っています。このままでは大変な死者が出ることになるので、どう戦うべきかを今言い始めています。このように、マクロの視野で現時点で起きていることと戦えるというのは、宗教としては、幸福の科学の持っている強みです。

一方では、教団がより強固になり大きくなるためには、やはり、なかで仕事ができる人たちのレベルが上がっていかないといけません。個人個人でも上がり、集団でも連結したチームワークが上がらなければいけません。

また、大黒天企業などに就職した方々が、その会社をもっともっと発展させて、「幸福の科学を応援できるような企業になろう。もっと大きなバックアップができるようになろう」と、そういう企業へと育ててくだされば、もっともっと繁栄していきますし、ＨＳＵの未来もそこにかかっています。

ＨＳＵがこれから先も続いていき、学生がだんだん増え、もっともっと学部なども進化して先に進んでいくかどうかは、教団や大黒天企業あるいは一般企業に就職された卒業生たちが、そこで、「ああ、ＨＳＵの人はよくできるね」ということで、「これはもっと採用してもいいかも」と思われるようになってくるかどうかにかかっています。そうなれば、入ってくる人も増えてくるということになります。

そういう意味で、みなさん個々人の仕事は小さいかもしれませんが、それが小さいから使命が小さいわけではありません。「それを積み重ねていき、大きなものに持っていこう」という、大きな志《こころざし》は持っていてほしいと思います。

4　厳しさのなかで謙虚に学び続けよ

大局を見ながらも、コロナ禍《か》を言い訳にせず、毎日着実な一手を考えよ

でも、常に自分自身を見つめて、足下《あしもと》を照らしてください。

そして、幸福の科学が最初から何度も言っていることですが、「他人《ひと》や環境のせいにしないで、自分自身でまず何ができるか。自分自身を変えられることがあったら、そこから始めなさい」ということです。

実際問題としては、今みたいに例えばコロナが流行《はや》っている時代というのは、これは環境のせいにできます。実際に環境によってできないことはいっぱいあります。「自宅で七割、八割待機せよ」と言われたら、どうしようもないですよね。

観光業に就職した人であれば、観光客が来ない。観光に行ってくれない。どうしようもないですね。「電車に乗せたい」「飛行機に乗せたい」と思っても実際上、乗ってくれない。環境の影響は当然出ます。

それから、知事あるいは政府の大臣や役職者からいろいろな指示が出ます。「こうしてください」「八時以降の営業は停止」とか出たら、夜の仕事をしている飲食業の人たちは、もうクビ切り宣言というか倒産宣言、「もう近いうちに倒産しますからね」と言われたのとほぼ一緒です。このなかでどうやってサバイバルするかというのは大変な問題です。

このように、環境の問題はあります。おそらく人の問題もありましょう。けれども、そのなかで全部が潰れるわけではありません。やはり生き延びるものはあり、いつかは世の中は変わっていきますので、次の環境の変化が起きたとき、人が変わったときに、違った方針がたぶん出てきます。

そのときに生き延びて、さらにもう一回、再度、力強く発展していくための力を溜《た》めているかどうか。これが問われると思うのです。

今の厳しい拘束下、条件下でやるべきことは何かを考えてやっていき、将来のための力をその間に蓄積しつつ、さらに何をやれるか。

だから、国際情勢のような大きなことも考えつつ、毎日毎日、「自分のできる仕事は何か」「指せる一手は何か」を着実に考えていく人が必要だと思います。

宗教は一般社会よりも厳しい修行が要求される

私の少ない体験からいきますと、ＨＳＵの卒業生を（秘書として）入れた場合、動きがとてもいいです。今までの他大学から来ていた大学生に比べますと、総裁との距離が非常に近いです。近いので、スススッと寄ってくるのです。〝スススッと来る〟のですが、その動きの速さはすごいなと思います。

例えば、報告書など、何か持ってくるようなときにスススッと持ってきて、「はい」というような感じで、平気で来ます。肩書に関係なく、新入であろうとターッと来ます。そして、私がそれを見て「君、これはどういうこと?」と二、三カ所質問すると、緊張して「はっ。それについては考えていなかった」と。これに対しては、「持ってくる前に読みなさい」ということです。「持ってくる前に読んで、『これを訊かれたら分からないな』と思うものがあるでしょう」と。分からないものがあったら、先輩に「これは、どういうことですか」といちおう訊いてから、それでスッと持ってこなければいけません。訊かれたらそこで硬直してしまうというのでは、やはり駄目です。

出方《でかた》は速いです。これは今までの人たちよりはプラスです。ただ、こちらが質問すると答えられない。「それに連動してほかのことがあり、ここにこう書いてあるけど、これについてはどうなっていますか?」と訊かれたら、「はっ。考えていない」と突如《とつじょ》硬直する。そういうことが繰り返し何度かありました。

また、HSUではちょっとアメリカンな教育をしているので、発表したり意見を言ったりするのはわりに上手なのですが、基礎知識や訓練などが十分でないと、ちょっと的外《まとはず》れになって、浮く場合もあるかと思っています。外国に行ったときなどは役に立つと思うのですが、国内ではやはり、教団などでも日本人の組織ですので、どうしても日本的な部分はあります。

日本的な部分というのは、「察しの文化」です。全部、明文化したものどおり、そのままやるのではなくて、「察する」というところです。この文化を学ばないと、国内では、たぶん会社に行かれても一緒だと思いますが、限界が来ると思います。

この察しの文化は、さらに言えば、人の心を読む力の問題です。マインド・リーディングです。これは実は「宗教の本道」でもあるのです。教団のほうに入られる方は特にそうですが、心が読まれるとはどういうことかということを、これから経験すると思います。

私が大学に入ったとき、法学部の授業で先生がイエス様の例を引いて、「『心で思っただけでも罪になる』という言葉が『聖書』にあるが、これは無理がある。やはり、実際に動機があって犯罪の行為などがあり、責任を取らされる。現代の法律学ではそうなっている」と言っていました。まあ、そのとおりだと思います。一般社会ではそうです。

しかし、宗教のほうではそうなっていないのです。何を思ったかが問われます。責任が問われます。「あなたはどう思った？」「今、悪いことを考えているでしょう？」「これをやったのは、その理由としてこういうことを考えたからでしょう？」ということを、やはり問い詰められます。

そして、それが図星《ずぼし》だった場合、なかなか「ごめんなさい」と言えないものなのです。表に出たことについては否定できないけれども、「心のなかで思ったことなんて、読めるわけがないじゃないか。そんなのはドラマのなかだけにある話で、実際にはない」と思うでしょう。

ところが、幸福の科学では守護霊とかが雄弁《ゆうべん》にしゃべります。そして、納得しないのなら、それが記録されて活字になり、「これを読んでもそう言うか」というところまでやられます。

だから、今外に出ている本とか説法だけが全部ではありません。実は非公開の霊言の記録等はたくさん持っています。「この人は、このときにこう言っていた」「守護霊はこう言っていた」という記録が全部残っています。それが一貫している場合、その人の基本的な考えと思ってほぼ間違いがないので、「周りの人は『この人はこういうことを考えているのだな』ということを知りながら相手をしているのに、本人だけが知らない」ということが、現実には起きてきます。だから、一般社会よりもう一段厳しい修行が要求されることになると思います。

このへんは少し厳しめに申し上げましたが、言っておいてもよいかなと思います。

ポテンシャルとしては高いし、普通の大学生が学んでいないようなことを学んでいる面で「すごいなあ」と思われるようなことを言う場合もあると思いますが、

「普通の社会人ができるべきことがまだできないという部分がそうとうあるうちは、やはり謙虚に学び続ける姿勢を取らねばならない」ということを知っておいてほしいと思います。

長くなりますので、話はこのくらいとしたいと思います。今年は、「果てなき世界を照らすために、まず脚下照顧《きゃっかしょうこ》から始めてください」ということを申し上げておきたいと思います。ありがとうございました。

第3章

人として本物となるには

2022年4月2日
「ハッピー・サイエンス・ユニバーシティ」
入学式にて

1　ＨＳＵはイノベーションし続けている

第八期の新入生を迎え、卒業生が出始めて四年目になるＨＳＵ

本日は、第八期の新入生を迎えることになりまして、「いつの間にか八年もたったのか」という気持ちでいっぱいです。まだまだ至らないところの多い学校ではございますけれども、連綿として入ってきてくださるみなさまがたの期待に応えるべく、毎年毎年、少しずつ、先生がたも、その他の方々も、イノベーションをかけるべく努力はしております。

今日ここに来る前に、ＨＳＵのほうから、いろいろな改革計画、「こういうふうに変えていきたい」みたいなものが、二回ぐらい来ました。一回目が来たときは首を横に振ったので、書き直して、二回目また「こういうふうに変えたい」と。まあ、そのとおりになるかどうかは知りませんけれども、少しでもよくなるようにという努力は、みなさん、心掛けておられると思います。

今、卒業生がもう出始めております。もう四年目ぐらいになるのでしょうか。宗教法人のほうにも、毎年六十人前後ぐらいは来ていますし、その他、在家の大黒天系の会社へ行く方とか、それ以外にも資格を取ったり、独立・起業される方もいらっしゃいます。外に出られる方々についても、求人倍率はけっこう高く、卒業生の数に比して数倍ぐらいは来ていて、「断らなければいけないほうが多くなって申し訳ない」という感じになっております。

職員で入ってこられる方については、昔、一九九〇年代ぐらいには、採用するときにこんなことがありました。学生が、大学四年生になって就活をして――まあ、三年生ぐらいから始まっていたかもしれませんけれども――就活するのにいろいろなところを回って、内定を取ってきて、宗教法人のほうは十一月から十二月ぐらいになって「どこの内定を取ってきたか」ということを書かせて、どのあたりに受かったかを見て、そして、最後に宗教法人のほうで面接をしてその人を採るかどうかを決めるという、言ってみれば、ちょっと殿様商売風《とのさましょうばいふう》のことをやっていました。

そのことに気がついたので、「いくら何でもそれは、信者の企業ではないかもしれないけれども、一般の企業に失礼ではないか」「向こうはもう四月ごろとか、六月ごろとかに、内定を決めているのに、うちは年末になってから面接して、そのなかからいい人を選ぶなんていうのは、ちょっと……。もう何カ月も研修をやっている場合もあるので、失礼ではないか」ということで、「もう少し早く内定を出すようにしましょう」ということになって、他の企業と一緒に内定が出ないように、出家者は早めに内定を出していくようになっているわけです。

ＨＳＵ卒業生の傾向が、今、少し見えてきている

みなさまがたの先輩の職員は――まあ、（学園やＨＳＵ等で）先生をやっている方々もいらっしゃると思うし、総合本部とか支部とか精舎《しょうじゃ》にいる方もいらっしゃいますけれども――そんなに簡単には職員にしてもらえなかった時代の方です。みなさま、けっこう難しい大学を出られて、そして、信者のみなさまがたの厳しいクレームを受け、内部で厳しく叱られながら一人前になってきた方々です。

そういう意味で、三十年ぐらいあっという間にたってしまったので、私も初期のころを思い出すのですが、本当に優秀な方がいっぱい来ていたような気がするのです。各種大学に行っておられた人たちを面接するにしても、当時、理事長だ、局長だという人たちが、成績表を見て、「早稲田《わせだ》？　早稲田でこの成績って、ひどいんじゃないか。私たちはこんなんじゃなかったですよね」なんてやっぱり言

っていました。理事長とか局長とかが「そうですよね。私たちは優、優、優、優、優ばかりでしたよね」「そうですよ。何ですか、この優三個とか五個とかいうのは。何してたんですか、こいつらは」というような、けっこう厳しい高踏的《こうとうてき》なことを言われておりました。

まあ、出家していた方も、それぞれの一流企業でトップクラスの方々が、そうとう出家して来ておられたのです。今は、やや髪が薄くなったり白くなったり、やや人格が緩くなってしまっている方は多いかと思いますが、昔は〝キレキレ〟のエリートだったわけです。すごく自信を持っておられた方なのです。

当会の人事局が、関係なくいろいろと信者名簿を見ていて、年齢のよさそうな、二十代ぐらいとか、そのあたりの人に電話をかけると、「幸福の科学の人事局から電話がかかってきた。なんで私が優秀だってことが分かるんだろう」みたいな感じの、そのくらいの自信を持っていて、「しかたがないな。目に留まった以上、しかたがない」という感じで、パッと辞めて来るみたいな感じの人たちがずっと続いていました。

それからあとは幸福の科学学園ができて、幸福の科学学園の卒業生はいろいろな大学に散っていって、そこから採るようなこともしておりました。

ただ、途中から採用の傾向を変えました。学歴優先というか、学力優先というか、大学として有名であるとか、成績がいいとかだけで採っても、宗教としては残念ながら戦力として十分にならないことも多いということが分かってき始めたので、まだＨＳＵができる前ですけれども、「いろいろな県の学生部で活躍している方、活動家を中心に採るように」というふうに方針はだいぶ変えていきました。

それからＨＳＵができて、また採用する人が変わってきたわけなのですけれども、三年から四年間、卒業生が出てきているので、「だいたい傾向が今、少し見えてきているかな」ということです。

心のコントロールを学んでいるから自分を変えることができるHSU生

変わるのはわりに早いです。一、二年前に「HSUは天狗《てんぐ》ばかり出して」と言って怒ったら、急にそれからあとの人が変わってき始めて、とても思慮深《しりょぶか》い、耐えることのできるような人材が入ってき始めました。「よく訓練されているな」と驚きました。

それまでは、ややアメリカンな教育をやっているので、「自分の才能を開花させて、どんどん意見があったら言って、発表したりする」という人がわりに多かったし、授業中でも手を挙げて、質問するような人もいっぱいいらっしゃいました。

これは海外では多いパターンなのですけれども、日本の大学だったら、この入学式ぐらいの人が集まって、「何か質問のある方?」などと言っても、全然手を挙げずにジーッとして、「当たらないように」みたいにしているところが、ほとんどなのです。

人がいっぱいいると、見られないように、目立たないようにしようとすることがほとんどなのですけれども、支部とか講演会とかでもそうですが、幸福の科学の特徴としては、どんどん発言する人がいっぱいいるということは事実です。それはポテンシャルとして、将来的にはたぶん役に立つことだろうと思います。

ただ、私のほうからちょっとＨＳＵに言ったのは、「新卒で会社あるいは宗教法人に入った場合、やはり、『仕事の言葉』と『学生時代まで使っていた言葉』とが同じではないので、まだ通じないことがある」ということです。

「何年間か、三年から五年ぐらいは通じないことがあるので、その間はあまりパンパンに自己発揮しすぎたら失敗することが多いから、そのあたりは自制心をつけて、みんなの言うことをきいて、やり方をまねて、勉強する時期が要るんだよ」ということを言って、「自制心の大切さ」とか「コツコツとした努力をすること」とか「目立ちすぎないで光を和《やわ》らげながら協調していくこと」とかも、今、教えているところではあります。

ただ、全体的に言いまして、ＨＳＵの卒業生たちは、はっきり言って優秀です。本当に優秀です。

でも、〝言ったらいけない〟のですね。〝優秀だと言ってはいけない〟ことになっているので（笑）。「言ったら天狗になるから言うな」ということになっているのです。

「むしろ叱ったほうが伸びる」という声のほうが強く、「『できない、できない』と言ってやったほうが、『これでもか』と思って頑張り始めるので、ほめるな」と今ちょっと言われているので、あまりほめられないかもしれないけれども、本当はできないわけではございません。

みなさまがたよりずっと前からいる先輩がたは、本当に、一流大学も出て、企業でエリートだった方々がいっぱい来ているのです。それらがみんなボロボロと落ちこぼれていくところを私は見てきているし、「どの程度の学力のある人が、どの程度の仕事能力を持っていて、どういうふうになっていくか」ということを一世代ぐらいずっと見てきているので、だいたい傾向は分かるのです。

ＨＳＵの人たちは、「心のコントロール」を学んでいるので、自分を変えることができます。だから、ある意味ではなかなか手強《てごわ》いことは手強いのです。今、ゆっくりと実力を発揮するようなかたちで変化し始めており、じわじわと評価が上がってくるようなかたちでの活躍をしていらっしゃるように思います。

ですから、東大、京大、阪大等の旧帝大の卒業生や、あるいは一流の私大といわれるようなところ——早稲田とか慶應《けいおう》とか、その他、関西の同志社とか、いろいろなところがありますけれども——そういうところを卒業して、一流会社に入られて、成績もいいというような方々と比べて、ＨＳＵの卒業生たちができないということはありません。これからどうなるかは、見物《みもの》です。

2　学問として北極星の方向を教えるHSU

「人間の中身とは何ぞや」ということを探究するのがHSUの使命

ほかの人たちは、大学で一般的な教養と、それぞれの職業に就《つ》くための実学についての教育は受けていらっしゃいます。それは無駄ではないとは思うのですけれども、結局、世の中で最後に生き残るというか、大きく成長する人は、「人間学に通じているかどうか」なのです。「人間通《にんげんつう》であるということ」――どんな分野に進むにしても、みなさまがたの成長を約束するものは、結局はこれなのです。

今、学校で人間学を教えてくれるようなところはないのです。こういうことを教えたのは、論語を説いた孔子の時代とか、釈尊の時代とか、イエスの時代とかで、そういう時代はそうだったかもしれないけれども、だんだんそういうものも形骸化《けいがいか》というか、死んでしまって、形式だけをまねるけれども何をやっているかは分からないようになっています。

坐禅《ざぜん》でも今、「面壁《めんぺき》して、壁に向かって坐《すわ》る」とか、あるいは逆に「景色《けしき》のいいほうに向かって坐る」とか、かたちだけいろいろと言っているけれども、「何のためにしているか」がよく分からない、教えられないような状態になっているのが現実です。

ところが今、現在ただいま、私たちがやっていることは、中身のほうです。「人間は、その中身なんだ」ということを教えている。「その中身とは何ぞや」ということを、四年間――あるいは短期で入られている方は二年間ですけれども――探究するのが、ＨＳＵの使命です。

いったん他の学校を出て社会人になられて、また再入学してこられている方も何十人もいらっしゃると思います。その気持ちはよく分かるのです。

大学とかで心について何にも教わっていない。人間の生き方について何にも教わっていない。社会人になっていろいろと苦労したり、「お金儲《もう》け」とか「会社は利益だ」とか「利益を追求するのが株式会社だ」とか、こういうことは言われたりするのだけれども、その「なぜ」について答えてくれない。「なぜそうするの」「なぜ社会はそうなっているの」「なぜ人間は、こういうふうに生きなきゃいけないの」、そういうことは分からないということです。会社はそんなことは教えてくれませんから。

利益の追求は株式会社であることの理由でもあるので、それはいいことです。世の中の役に立つ仕事をして、役に立つ商品を提供して、役に立つサービスを提供して、それで会社は利益が出て、給料が払えて、さらに発展するための蓄えができるというのもいいことですから、それは構わないのですが、本当に心を求めてきた人にとっては、やはり物足りないというところはあるのではないかなと思います。

「心」が分からなくなっている文部科学省

私も学生時代、実はそのへんのところがいちばんの苦しみでして、勉強はしているのだけれども、そういう意味での「答え」が全然ないのです。仕事につながるような基礎の部分の教科書みたいなものはあるのだけれども。

例えば、今の文部科学省は、国語の教科書から小説を外そうとして、ちょっと話題になっています。「小説がなくて本当にいいのか」ということです。

実務的文章を読解するみたいなことを高校生にやらせて、それは役所に入ったり、会社で書類を書いたりするときには役に立つものではあるけれども、「それが本当に国語か」という声もありました。そこで、ほかの出版社はそういうものをまねしていたけれども、一社だけ小説をたっぷり載せたのです。すると、その教科書の審査がとおってしまったというので、ほかの出版社が怒ってしまいました。「それでとおるんだったら、うちも入れたのに。なぜ夏目《なつめ》漱石《そうせき》や芥川《あくたがわ》龍之介《りゅうのすけ》を国語の教科書に入れてはいけないのか。おかしい。絶対これはおかしいとは思っていたけど、それを載せているものがとおったではないか」ということになって、ワアワアと騒がれています。

私たちの時代だったら、夏目漱石の『こころ』など、かなり長い部分が教科書に入ったりしていたのですけれども、今、ちょっと短くするかたちでチョコチョコ入れるぐらいのことをやっているあたりで駆け引きしているところです。

要するに、実務的な文章みたいなものを読解させようとしているけれども、「心」が分からなくなっているのです。もっと言えば、「頭」と「心」と「体」との関係が分からなくなってしまっているということなのです。悲しいことです。

医学部は人を助けるところなので、人間学がなければいけない

みなさまのなかで、「頭で考えている自分と、心で考えている自分は違う」という認識を今持っておられる方がいるなら、それは、それでももうかなり優れた方であって、「頭だけでやっている」と思っている人が本当にいっぱいいるのです。

あの世に還られた方を私が相手にしていていちばん困るのは、「人間は、頭脳の働きと神経の働きだけで、タンパク質の肉体を機械やロボットみたいに動かして生きてきて、死んだらそれで終わりだ」と思っている人です。これを死んでから教えるのは大変なのです。

何十年もそれで生きてきて、失敗することもあるし、この世的な成功をする人も出てきます。だから、「これでやってきたのに何が悪いんだ」という感じで

開き直って、「あの世はないということになっているから、ないんだ」と言うし、「ないと言っているあなたは、何？」と訊かれても、「いや、それは分からない。それは分からないけども、まあ、ないからないんだ」とか言うのです。

医学部で教わることも唯物的なことがほとんどですので、やはり精神的なことというか、心のことも同時に教えなければいけないとは思うのです。人を救っても、全部が全部それが菩薩行《ぼさつぎょう》になっているかどうかは分からない部分はあります。自動車会社で自動車を組み立てたり、あるいはバラしたりしているのと同じように人間を見ている仕事が、あちこちでいっぱいあります。世の中で尊敬されていたり、立派だと思われたりしているなかに、そういうものがたくさんあるのです。

教育のなかでも宗教はほとんど教えませんが、「道徳ならいいか」と思って道徳を教えていたけれども、それもだんだん減らされていっています。進学校になってくると、道徳の授業もカットして、英語とか数学に切り替えたりしてやっていますが、問題になったりするところもあります。

英数ばかりやって、道徳の授業を削って、医学部に入った。ところが、やはり医学部は人を助けるところなので、人間学がなければいけないし、善悪も分からなければいけない。「医者としてやっていいことと悪いこと」というのがあるのです。このへんが曖昧《あいまい》になってしまって、「物」を扱っているように人の体を扱い始めると、だんだんに、人間としてやってはいけないレベルまで行くことがあります。

霊的視点から見る臓器移植や性別の問題

私が新聞を読んでいて拒絶反応が出るのは、「新鮮な臓器を移植し……」とか書いてあるときです。「魚が新鮮」とかいうのはいいのですけれども、人間の臓器について「新鮮な臓器を移植し……」とかいうところまでどんどん行きますと、中国とか、その他の一部の国にありますように、「新鮮な臓器であれば、もうそれは死ぬ前のほうが新鮮ですから」ということで、「政治犯で捕まっているような人の臓器を取って移植する」などということになります。だから、「○○の臓器が要る」と言ったら、十分ぐらいですぐ取り寄せられるような国だってあるわけです。

この世的に見れば進んでいます。日本なんか探すのが大変ですから、中国などは進んでいますけれども、「それはどういう霊的な意味を持っているか」ということも、うちは教えているわけです。

例えば、臓器移植をして、人格が変わったり、食べ物の趣味《しゅみ》・嗜好《しこう》が変わったりする。今までやらなかったようなことをやり始めたりする。海で泳ぐのが嫌いだったはずなのになぜか海で泳ぎ始めたり、山登りが好きだったはずなのに山は嫌いになったり、テニスが好きだったはずなのにテニスが嫌いになったり、頭も理系頭と文系頭とで入れ替わったり、そういう現象がいっぱい起きている。みんな、分からない。

それから今は、「性的に男性か女性か」という議論を、法律を変えることも絡めてやっております。「心が男性だから、肉体が女性でも男性だ」とか、「心が女性だから、肉体は男性でも女性だ」とか、いろいろなことを言っています。整形手術等もありますから、「できないことはない」ということもあるのでしょうけれども、議論をそういうふうにやっています。

しかし、例えば幸福の科学の本を読んでいれば、「過去世《かこぜ》が男性とか、過去世が女性とかで、今世は違う性に生まれることがある」ということがよく出てきています。このことを知らずに「心がそうだから」というのは、やはりちょっと気をつけないと、生まれる前に立てた人生計画と違うことになることもあるかもしれません。「今回その性で生まれたのには、理由があるかもしれない」「あなたにとっての修行があるから、そう生まれたかもしれない」ということなのです。

そういう意味で、今回の性が、男性か女性かで気に入らないこともあるかもしれないけれども、いちおうそれで人生を送ってみなさいという計画がある可能性も、普通に高いんですよね。

それ以外にもう一つの可能性としては、宗教的に言えば「ポゼッション」「憑《ひょう》依《い》」です。霊的に取り憑《つ》かれますと、人格が変わります。男性が取り憑いたり、女性が取り憑いたりすることによって、変わってくるわけです。人格が変わってきて、そして、変わったことをし始めるようになる。亡くなった方（の霊）が来ているわけだけれども、その人がしたかったようなことをし始めるわけです。

昔の説法では言ったこともあるのだけれども、東北でミイラ展をやっていたときに、「お上人《しょうにん》様といわれるような偉い方が、最後は生きたまま仏になると称して断食《だんじき》をして、棺桶《かんおけ》のなかに入って、坐禅したまま死んで、ミイラになった」というようなものをデパートで飾っていたら、その前でミイラを見ていた人が、その後、突如《とつじょ》空腹になって、食堂に行ってカツ丼を十杯食べたそうです。そうなったら、もう普通ではないです。これは、ものすごく飢えて飢えて苦しんで、お腹が空いて空いてひもじくて死んだ方の霊が取り憑いたということでしょう。そういう現実があるけれども、この世的な科学的説明としては一切説明不能なのです。こういうことがありえます。

HSUで修《おさ》める学問はこれから勉強していくための手がかり

私は、そうしたこの世的に解決できない不思議な現象や、あるいは大宇宙のことか、あるいは過去の文明とか未来の文明とか、いろいろなことにも言及することがあります。世の中の実学としてはまだ使えないものもありますけれども、一つの考える材料として、生かしていただければよいのではないかと思います。

私が過去、発信したいろいろなそういう情報から、新しい産業をつくってやっておられる方もいますし、「ああ、未来はこういうふうになるんだな」と予想を立てて用心してやる方もいらっしゃいます。

まだまだ全部が右から左に動くようなわけではございませんけれども、いろいろなことが流行《はや》っている世の中において、常に北極星のように位置を示すものは必要なのではないかなと、私は思っています。そして、若い時代に、学問として、人が目指すべき北極星の方向、「北はあちらだ」ということを教えるところが、このＨＳＵだと思うのです。

だからＨＳＵで学んだ学問で、「これで完成した」などと思っては駄目です。これは全然、完成ではないのです。これはもう入り口で、みなさまがこれから勉強していくための手がかり、取っ掛かりを教えてくれていますけれども、まだこれから先があるのです。

授業時間から考えれば、できるだけ短縮していろいろなことをコンデンス（濃縮）して、要領よく学べるように、ある程度やっているのだろうと思いますが、それで十分ではありません。それはあくまでもみなさまの勉強するためのガイドであり、方向づけであるけれども、勉強するのはみなさん自身なのです。それをどうか忘れないでくださいね。

「〇〇先生のプリントを覚えたらテストに合格するから、それだけやったら、もうあとはいいんだ」みたいな人がいるけれども、やはり、「いや、ちょっと待ってください」ということはあるわけです。先生がたの講義でも、講義の回数に合わせて内容をだいたい凝縮しているとは思いますけれども、それはあくまでも入り口であり、プリントを読んで、「これは関心があるな」と思うような本があれば、自分でそれを読んでいただきたいのです。その本自体でも、またかなり凝縮された内容が入っています。

3　知識を智慧に変えよ

知力は鍛えれば一万倍まで行く可能性がある

初期の講演集や質疑応答集が今、出されていますけれども（『大川隆法　初期重要講演集　ベストセレクション』シリーズ、「エル・カンターレ 人生の疑問・悩みに答える」シリーズ〔共に幸福の科学出版刊〕参照）、おそらく、みなさんが読まれても難しいと思います。三十年も前の、私の三十代の説法ですけれども、たぶん難しいはずです。なぜ難しいか。私の話を聴いている人は、私より年上の人たちがほとんどだったからです。

私が三十歳から三十五歳ぐらいまでの間で説法した内容を、「講演集」や「質疑応答集」として出しているけれども、上は百歳近い方まで来て聴いていました。「私はその人たちの子供か、孫か」という年代で話さなければいけないから、話すほうも真剣勝負で大変だし、勉強もものすごくしていなければいけなかったのです。

また、当時は一万人ぐらいの会場で講演をやっていて、その場で生《なま》で質疑応答をさらに一時間していました。一時間説法をして、その後、一時間「質疑応答」をやっていましたが、何が出るか分からないのです。もうとんでもないものがどんどん出てきました。さらに、ほかの教団とかほかの宗教をやっているような人が、意地悪な質問をするために朝から一列目に席を取るために並んでいるのです。「この質問だったら答えられないだろう」みたいな質問をする人がわざと送り込まれてきて「手を挙げて、講演会ができないようにしてやろう」などという人まで入っておりました。なかなか大変です。

そういう人たちの相手をしながら、やらなければいけなかったわけです。「ははーん、これは答えられないだろうと思って言っているんだろうな」と思いながら、こちらも相手をして、やっていたわけです。けれども、その個人的な質問をどうやって一般的な話として残るようなものに変えていくかというところが、私の技量が試されるところでもあったわけです。

みなさまがたの先輩がたである卒業生たちには、外に就職することを〝出家〟と思っている人も多いのですけれども、内部に来られて職員になった方等については、今、「本を何冊読んだか。どの本を読んだか」まで人事局が全部チェックしています。勉強度がどのくらいかまでチェックされておりますが、だいたい、卒業生で平均二百冊ぐらいは読んでいるようです。

でも、一般の人に比べれば、これはそうとうの勉強量ではあるのです。私の本は、書店に並んでいる軽い本のようなものではありませんので、読むのに時間がかかって大変だろうとは思いますが、これをＨＳＵでは「最低でも二百五十冊は読んでもらうように、（卒業時の読書冊数を）五十冊上げる」とか「職員になったら、千五百冊までは給料で買って読むようにさせよう」とか、計画だけですけれどもいろいろ立ててはおります。

ここで言っておきたいことは何か。君たちは来たばかりでこれからですから、簡潔に言いますけれども、「人間の体力は、鍛えたらもしかしたら十倍ぐらいまでは行くかもしれないけれども、知力は、鍛えると、もしかしたら一万倍ぐらいまでは行く可能性がある」ということです。

要するに、普通は、試行錯誤《しこうさくご》して経験しないとできないことがほとんどです。ただ、知っていると、自分には初めてのことでもできることが、やはりあるのです。体力は十倍ぐらいかなとは思うのですが、知力は一万倍ぐらいまでは行くかなと思います。私が何十年かやってきた経験的に見て、一万倍ぐらいは行くかもしれないという気はしています。

知識を智慧に変えて自分の力にするには、繰り返し読む必要がある

それから、その結果として出てくる仕事も人それぞれですけれども、ものすごく差が出てまいります。

知識そのものを「智慧」だと思っているような人にとっては、「情報整理」でしかないことではあるけれども、「情報」が「智慧」ではないということを知っているみなさんであれば、やはり、「これは自分の人生の役に立つか」「ほかの人の人生の役に立つようなものなのかどうか」という目から、おそらく、見ていると思うのです。ここは非常に大事なところです。

ただ、世間一般の人が知っているようなこともある程度は勉強した上で、さらに、仏法真理の勉強もしていかなければいけないのです。欲張りではあるけれども、そうなのです。実際、欲張りな仕事だと思います。

私も大学に入った時点では、別に本を読むのが速かったわけでもありません。文庫本とか新書とかいろいろな本がありますが、今、書店に並んでいるほど軽い本ではなかったとは思うけれども、大学一年に入ったときは、普通に、一時間に六十ページぐらいしか本は読めませんでした。「それでも速い」と言う方もいらっしゃるのですけれども。

大学二年に上がるころには、一時間に七十ページぐらい読めるようになっていました。大学の三年生ぐらいになると一時間に百二十ページぐらいは読めるようになって、大学の四年生になると一時間に二百ページ読めるぐらいまで上がっていき始めました。

これで言えることは何かというと、速く読む人はたくさん読めるけれども、逆も真《しん》で、たくさん読みたかったら速くなるということです。本を読むのが速くなってくる。それは意図して速くするだけではなくて、やっているうちに訓練として速くなってくることを知っていただきたいと思います。

ＨＳＵ生は卒業する段階で、「だいたい二百冊程度ぐらいが、読んでいる冊数です」と言っているし、ここの図書館もだいぶ充実はしてきたようです。

この前、「天使の梯子《はしご》」というＨＳＵ新聞を読んでみたら、全国の大学での一人当たりの貸し出し冊数としては、年間五十七冊でＨＳＵが最高ということになっていました。読まないより読んだほうが絶対いいですから、これはある面ではいいと思います。学生だとお金もないので、これはいい。ただ、足りないところもあります。

本当に知識を智慧に変えて、自分の力にしていくためには、繰り返して読む必要があるのです。だから、私も本はたくさん買って読みますけれども、「だいたい繰り返し読むに堪える本かどうか」ということを中心に一回目は読んでいます。「一回だけ読んで、もういい」という本もあります。「だいたい知っていればいい」という感じの本は、情報読みで読んでいます。

ただ、繰り返して読む本は、五回、十回、二十回、三十回と繰り返し読みます。

それも、連続して読むのではなくて、時間を空けて、繰り返して読む。そうすると、その間に自分が成長していますから、学べることが違ってくるのです。一年後に読んでみると、一年前に読んだのと違ったところが見えてくるのです。そのへんの勉強が加わってくると、違うように出てきます。

例えば、ロシアの文豪《ぶんごう》でドストエフスキーという人の小説が翻訳《ほんやく》で出ていると思います。例えば『白痴《はくち》』という小説が出ています。たいていのみなさまがたには、それを読むことを勧《すす》めても時間の無駄です。読んでもおそらく、何を言っているのやらさっぱり分からないであろうと思います。「白痴の人のことについて書いているんだな」「何が書いてあるかよく分からなかったな」と思って、だいたい終わります。

しかし、例えばキリスト教ならキリスト教というものを勉強して、そのあともう一回、『白痴』を読むと、「もしかしたら、ドストエフスキーが書きたかったのは、『現代にイエスが生まれてきたらこんなふうに扱われ、こんなふうに生きるのではないか』ということであり、これを私案として出してみて、『分かるか？イエスが現代に生まれたらこんなふうになるということが君たちに分かるか？』という問いかけを、向こうからチャレンジしてきている」ということが分かるようになってきます。

ここまで行くのに何年かかるか、何十年かかるか分からないけれども、そういうもので、「間隔《かんかく》を置いて勉強することで、その間に成長していますから、新しい知識とか経験によって、違うように見えてくる」ということです。そういうことを大事にしていただきたいのです。

フェイクを外して、本当に必要なものに絞り込んで勉強する

勉強したいことがいっぱいあるので、時間は惜しくて惜しくてしかたがないと思います。

今の時代は、本当に無駄なもの、あるいは、はっきり言ってフェイク、偽物《にせもの》と思われるものが出回っている時代なので、これで時間を取られないように、「これは要らない」「フェイクだ」「もう時間の無駄だ」と思うものはパーッとできるだけ外していき、本当に必要なもののほうに絞り込んでいって勉強することが大事だと思うのです。

本当に、みなさまがたの時間を無駄にしながら金儲《もう》けをしている連中がいっぱい出てきて、そういう人たちが「頭がいい」と思われている時代なのです。アメリカもそうだし、中国もそうだし、日本もそうなってきています。

幸福の科学では映画もつくっていますけれども、映画を一緒につくっている外部の日活関係の社長さんは「映画は、世の中に要らないものなんです」と言われていて、私もショックでした。「要らないものなんです。観る必要もないんです。要らないものを観ていただかなければいけないので、そこで努力が要るんです。なくても構わないんです」というのです。

確かに観なくても、テレビでやっていることもあります。また、映画には、マンガのリメイク版というか、マンガを映画化・視覚化したものが多いし、原作の小説も軽いものが多いので、エンタメにしかすぎないものが多いのです。だから、「〝要らないもの〟を、お金を払って時間を使って観てもらうために、何ができるか」という観点から、みんな考えているわけです。

でも、要らないものは要らないので、「要らない」と判断することも大事です。勉強の本でも、「要らないものは要らない」と思って、「これは要る」と思うものを見つけていくことが大事です。

智慧を、心の機能の一部として認識するところまで行く

私は今、だいたい一年に二千五百冊から三千冊ぐらいの本を読んでいます。みなさんとだいぶ違うでしょう。たぶん二百冊でご卒業されるみなさんとはだいぶ

違うと思う。これをずっと累積したらどうなるか計算してみたら分かると思いますけれども、そうとうな数になります。

そして結局、例えば八百屋《やおや》が野菜の違いが分かり、魚屋が魚の違いが分かるように、本を読めば、やはり本の違いがだんだん、だんだんに分かるようになってくるのです。それが大事なことです。

私の新刊本のなかには、詩集や小説、あるいは俳句集なども出ています。こういうものに、なかの職員からも感想とかをもらっているのですけれども、幸福の科学出版の努力で、全国の書店の店長や店員さんからも感想を頂いています。そして、書店の方の感想を読むと、「書店員の方の感想は、すごいな」と思います。やはり鋭いのです。「ああ、ここまで読み込んでいるか」と。魚屋さんが魚を知っているのと一緒で、本を知っているので、よく知っているのです。

「ここまで読み込むんだ。ここまで分かるんだ」というような感じがいっぱい伝わってきて、ちょっと私も感動するところがあるのです。普通の読者からは得られない感想が得られるのです。「これは、純文学中の純文学で、現代ではもうない、死に絶えている小説ですね」みたいな感想を書いていて、「ああ、分かるのか」と思いました。それは、タイムマシンで何十年も眠っていたようなものを出しているから、そのとおりなのです。

そういうことで、「プロになっていくのは、大変なことなのだ」ということです。知識も必要。それを智慧に変えていくことが必要。そしてその智慧を、自分の心の機能の一部として認識できるところまで行かなければいけないのです。

4　志《こころざし》を持って自分を磨き、未来をつくれ

孤独のなかで本を読み、心を練らなければ、大きな仕事はできない

だから、遊び回っている暇はないのです。そう思っておいてくださいね。四年間なり二年間なり、楽しく遊べて暮らしたらいいと思うなら、それは問題です。もちろん、人間関係も大事だし、何かサークルに入ったりいろいろな経験をすることも非常に役に立つから、それはやったらいいと思うのですけれども、それに夢中になって本業を投げ捨ててしまうような方は、ちょっと問題があると思うのです。

それから、街から遠ざかって、海辺の学校になっていますから、寂《さび》しいとい

う方もいると思うのですが、先ほどの歌（編集注。本法話の前、楽曲「私のパンセ」〔作詞・作曲　大川隆法〕の歌唱が披露された）にもありましたけれども、「孤独のなかで本を読んで、自分を鍛える。考え続ける。心を練る」という作業をしなかった人で大きな仕事をできた人はいないのです。逆に、それはチャンスだと思うべきなのです。

街中にいて、渋谷のセンター街近くのマンションとかアパートに入ってごらんなさい。やはりそれは、フラフラ、フラフラと、出ていって遊びたくなります。だから、そういう環境でないことをむしろ喜ぶべきだと私は思います。

私だって、そんな感じがあります。何と言うか、「職員でもう十分間に合っているし、信者さんが勝手に伝道もしてくださっているから、先生、もう働かなくていいですよ」と言われる日が来て、年に一回挨拶をして、「新年おめでとう。では、さようなら」みたいな感じで許してくれるのだったら、「ああ、そのころからやっと、本当にもうちょっと勉強できるかな」と私は思うのです。

勉強したいことがいっぱいあるのです。私だって、哲学とか、あるいは歴史とか、いっぱい勉強したいし、小説とかでも、まだ読めていないものがたくさんあるのです。語学にも欲張りで、今、いつの間にか六十五歳にもうなってしまったのですけれども、六十五歳で週七つの語学を毎週やっています。英語、ドイツ語、フランス語、イタリア語、スペイン語、中国語、ロシア語です。やっています。

秘書の人たちはそれを見ながら、「先生は、どんなふうにこれを勉強しているのだろうか」と思って、どうも調べているようです。読んでいるかどうか、やっているかどうか見ているようですが、「何か、四つぐらいの語学をバラバラに並行してされていますね。これはどういうことですか」と言うのです。そこで私が、「そんなのは決まっているじゃないか。『一冊全部終わったら次をやる』というやり方をやっていたら、例えばテレビやラジオの一カ月分の放送が終わってしまうでしょう。放送は毎週やっているのだから、毎週一周ずつ、全部横並びでやっているだけです」と言ったら、「ああ、そういうことなんですね。そんな勉強の仕方があるんですか」「うん、あるんですよ。そうやらないと、効率が悪いし、やっていけないでしょう」と。

それで、「その七科目をどこでやっているんですか」ということですが、ほとんどトイレのなかで読んでいるだけなのです。まことに申し訳ないのですが、トイレのなかで英語もだいぶ読んでいます。

ただ、読めないものもあります。例えば英字新聞とかです。大きいから読めない。それはしかたがないので、朝ご飯を食べたあと読んで、ときどき「ここが必要」と思うところを赤で切り抜いて、それを『黒帯英語』のなかに入れています。いちおう記事の選択はしています。フェイクのところは外して、「これは読んでおいたほうがいいな」と思うところを提示しています。これが『黒帯英語』です。（ＨＳＵの授業で）教わると思います。

志《こころざし》を持って自分を鍛え続ければ、人は前進していく

「情報処理」ということで言えば、私も情報処理はかなり速いほうです。これは訓練の結果、そうだし、必要の結果、そうです。

でも、たくさんのものに手を出して勉強している理由は、知りたいからです。興味・関心があるからです。興味・関心があるから広がっていくのです。どんどん、どんどん広がっていく。

年を取っても、志《こころざし》というか、情熱が衰《おとろ》えない。これはありがたいことだと思っています。頭も若いころよりよくなっているような気がして、しかたがないのです。もし失礼だったら許してください。みなさんのほうがきっと頭がいいと思うし、十八や十九歳の方に敵うわけがないと自分では思うのだけれども、やはり、あなたがたの、本を読んだりものを書いたりする速度を見ると、「うーん、どう

かな」と思うことはやっぱりあることはあります。「えっ、この速度で読めないの?」というようなところはあることはあるのです。これは鍛え方なのです。よし悪《あ》しではありません。頭のよし悪しではなくて、鍛えればそうなるのです。だから、上に向かって常に上昇していく「志」を持って鍛え続ければ、人は前進していきます。

この間《かん》にいろいろな誘惑があるのです。「友達と遊びに行こう」とか、それから異性の誘惑もあります。異性と仲良く付き合っていたら、それは、楽しいは楽しいです。それから、マージャンに呼ばれたり、いろいろなことがあって、「酒を飲んで、気がついたら十七時間も飲み続けていた」みたいな方もいらっしゃることはいらっしゃるのですけれども、「ちょっと人生の無駄遣いはあるかもね」というところは気をつけていただきたいと思います。

勉強しなければいけないことはたくさんあるのです。それを自覚したら、勉強することが大事だと思います。

あと、学生時代はまだそれほどでもないかもしれないけれども、よく言っていることは、「体力」です。やはり体はこまめに鍛える。一日中、フルマラソンみたいに走っていたら何もできなくなりますから、そんなことを勧《すす》めませんけれども、少しの時間でもいいから体を鍛えていく工夫をしないと駄目なのです。

私が勉強しているのを見たほかの人たちはみんな、「頭にそんなに入らない」と言うのです。頭のなかに入らないので、大学で教わる場合、普通はむしろ狭めていきます。勉強のやり方として、「狭いところを深く掘って専門家になる」というのが今、勧められています。だから、有名な大学に行って一流の大学で何か博士号を取るとかいったら、「本当に狭いところで権威のようになることが多く、全体が分からない」みたいな感じで、〝ずっこけて〟しまうようなことが起きるのです。

例えば、英文科に入って、「すごくいい大学の英文科に入って勉強しているから、すごく英語ができるのだろうな」と思ったらとんでもなくて、「卒論は接続詞の研究なんです」と、接続詞ばかりを一生懸命やっているので、英語全体が分かるわけでは全然ありません。

こちらはそういうのを聞いたら、〝ずっこけて〟しまって、「英文科だったら、スラスラと英語の小説とか、いろいろなものが読めて当然ではないか」と私などは思ってしまうのですけれども、そうではないのです。そんな細かいところをやっているわけです。

逆に法学部に行っている人のほうが、平気で英語の本を読んでいます。「辞書なんか引かなくても読めますよ」と。

それは、九十五パーセント以上の単語を全部知っているからです。知らないものもたまにありますけれども、知らなくても、読んでいたら意味は分かるのです。日本語の小説とかを読んでいても、知らない昔の言葉とか漢字とかがあることはあるけれども、別にそれが分からなくても読めるでしょう。読んで意味が取れるでしょう。一緒なのです。

英語だって一緒で、分からないものがときどき何ページかに一個とか一ページに二個ぐらいあっても、読めるのです。あとは全部分かるのだから、読めないわけがないのです。しかも、何回かそれが出てきたら、「ああ、こういうことだな」と、言葉の意味まで分かってしまうようになるのです。

このように、「あれ？」と思うようなことが世の中ではたくさんあって、ちょっと、びっくりすることがあります。

だから、志というか、自分が「ここまでは行きたいな」と思うものを、高く維持してください。

法律や常識を疎《おろそ》かにすると、人生を無駄にしてしまう

それから、「ＨＳＵ生はよく勉強しているし、道徳的にもなるべく立派であろうと思っているものだ」と思っておりますけれども、ときどき常識の範囲内の勉

強をしていない人がいます。

私は法律の勉強や政治の勉強などが学生時代の専門であったのですが、「法律で網羅《もうら》されているようなことは、言う必要もない」と思っていて、もうちょっと違うことを言っています。民法とか刑法とか、あるいは憲法とか、いろいろなところにやってはいけないことが書いてあるけれども、「それは常識の範囲内」と思っていて、それ以外のことを言っていることが多いのですが、この常識の範囲内のところを勉強していない方がいるのです。それで何と言いますか、犯罪に引っ掛かるようなことをしてしまったり、「この世でそんなことをしたら、顰蹙《ひんしゅく》を買って仕事を完全に干《ほ》されてしまうよ」というようなことを平気でしてしまったりするような方がたまに出ることがあります。気をつけてください。

人生を本当に無駄にします。本当に無駄にします。今まで二十年勉強してきたようなことを、ほんの一つの出来事で無駄にしてしまいます。

もちろん刑法というものを勉強すれば、例えば無銭飲食というのは、刑法の犯罪になって、それは警察に逮捕されるような内容であることが書いてあります。でも、それを法律として知らなくても、「ラーメンをタダ食いしたらいけないだろう」ぐらいのことは、考えれば分かるでしょう。そのくらいのことが分からないなら、ちょっと頭が悪すぎます。

少なくとも、新聞一紙でも読んでいればそのくらいのことは分かります。週刊誌はもう読むに堪えないので、お金が惜しいし時間も惜しいから読まなくていいですけれども、新聞の下に広告が出ていて、広告だけ見たらもう週刊誌の内容を網羅しています。あれはいちばんいいところだけ並べていて、中身を読んだら、もう〝腐《くさ》った記事〟ばかりです。だから、広告で出ているところだけ見ればよいでしょう。だいたい世の中はこんなことで問題になってバッシングされたり、クビになったり、犯罪になったりしているということが分かりますから、そういうことは当たり前にちゃんと知っておいてください。そういうことを言いたいと思います。

道徳的な堕落は、ものすごい被害を生む

それから、男女間の問題について、あまりとやかく言うと嫌がられるから言いたくはないのだけれども、ほどほどにしてください。

「ほどほどに」というのは、「まったく人間ではないロボットのように生きろ」というつもりではございません。若いころ、私も詩を書いたり、それが歌になったりしていますから、しかたがないとは思うところもあるのですが、やはり本気ではないなら、おもちゃで遊ぶように異性と遊んで、時間を費やして、場合によっては相手の人生を目茶苦茶にするようなことをする人もいるけれども、そんなことをしてはいけません。

道徳的な堕落によって知的な向上心が損なわれるということは、ものすごい被害があります。人間はいったんそういう道に入って悪さをし始めたりすると、バ

カバカしくて、こんな海辺で、部屋のなかで勉強したり本を読んだりするなんてやっていられなくなるのです。酒を飲んで女の子を誘ってどこかへ遊びに行くみたいなことばかり夢中になってき始めたら、もうできない。

下に下《くだ》り始めたら、もう止まらないのです。今日は新品の革靴を履《は》いている人も多いと思います。そして革靴が新品のときは大事にしていますし、よく磨いてきれいにしていますけれども、いったん雨の日に傘を忘れて水溜まりのなかをバシャバシャ歩いてしまったら、平気になってしまって「もういいや」ということで、革靴が濡れても平気で水溜まりのなかを歩くようになります。それと一緒なので、道徳的な堕落というのは、どうか、できるだけ避けてください。それは、みなさんの未来の可能性をできるだけ広く残しておくためにも必要なことだと思います。

間違いを犯すこともあるかもしれませんが、立ち直ってください。ぜひとも、立ち直ってください。そういうことができなかった人は、残念ながら、人の上に立つことはできなくなっていきます。必ず、因果《いんが》の理法《りほう》はキチッと回ってきます。もしそういう生活をしていたら、HSUの教員にだって絶対になれないのです。まあ、一部あるかもしれない。いや、考えてはいけない（笑）。普通はなれないです。

大学でも今は女性が進出して、偉くなっていらっしゃるから、女性の教授、准教授がいっぱいいいます。先日、新聞を読んだら、「四十代女性の准教授が、助手になった男性を最初は小間使《こまづか》いみたいに使っていたけれども、だんだん『恋人みたいに振る舞え』と言い、いろいろなところに遊びに行って、食べたり酒を飲んだり、それから、踊ったりするようなことに付き合わせて、次は自宅に来させて自分の子供の送り迎えまでやらせ始めた。そこで、男のほうがセクハラで准教授の女性を訴えた」というような記事が載ったりしていました。

こんな時代になっていますけれども、他山《たざん》の石だと思って自分を律していくことを覚えてください。非常に大事なことかと思います。

一人ひとりが自分を磨くことが、未来をつくる

とにかく、「向上心、志のないところに知的成長はないし、知的成長がないところに人に教えるものは何もない」ということは知っておいたほうがいいと思います。

三千四百回以上の説法をし、二千九百五十冊以上の本を出した人間が言っていることです（説法当時。二〇二五年三月時点で説法回数は三千五百回、著作は三千二百冊を超えている）。だから、私のまねをしろと言っても、そんなにできることでないことぐらい自分でも分かっています。これは難しいことだろうと思います。本当に一億人に一人もできないくらい、そう簡単にできないことだと思います。

でも、それぞれの道で、多少なりとも自分の輝く道をつくることはできると思

いますので、どうか、志高くあってください。「授業が面白《おもしろ》くないから出ない」とかいう人もいると聞いていますけれども、出なかったらせめて、寮の部屋で読書でもしていてください。そう願いたいものだと思っています。

いろんな声は入ってくると思いますけれども、どうか、HSUに入ったということに自信を持ってください。八期生まで来ていますけれども、卒業生たちのポテンシャルの高さはみんな認めています。

もうちょっと偉くなってきたら活躍すると思います。卒業生が活躍し始めたら、HSUは全国的に、あるいは世界で認められるようになります。それは時間の問題だと私は思っています。

みなさまがた一人ひとりが自分を磨くことが、未来をつくります。

以上です。ありがとうございました。

『人として本物となるには』関連書籍・CD

『愛は憎しみを超えて』（大川隆法 著　幸福の科学出版刊）
『いま求められる世界正義』（同右）
「大川隆法　初期重要講演集　ベストセレクション」シリーズ全七巻（同右）
「エル・カンターレ 人生の疑問・悩みに答える」シリーズ（同右）
CD「ときめきの時」（大川隆法 作詞・作曲
発売 ARI Production／販売 幸福の科学出版）
CD「映画『美しき誘惑――現代の「画皮」――』オリジナル・サウンドトラック」
（大川隆法 作詞・作曲　発売・販売 幸福の科学出版）
CD「私のパンセ」（同右）

人として本物となるには

2025年 4月1日　初版第1刷

著　者　　大《おお》 川《かわ》 隆《りゅう》 法《ほう》

発　行　　HSU出版会

〒299-4325 千葉県長生郡長生村一松丙 4427-1
TEL(0475)32-7807

発　売　　幸福の科学出版株式会社

〒107-0052 東京都港区赤坂 2 丁目10 番 8 号
TEL(03)5573-7700
https://www.irhpress.co.jp/

印刷・製本　株式会社 堀内印刷所

落丁・乱丁本はおとりかえいたします

ISBN 978-4-8233-0448-4 C0037

幸福の科学 大学シリーズ　大川隆法著作

新文明の源流・HSUを知る

新しき大学の理念

「幸福の科学大学」がめざす
ニュー・フロンティア

幸福の科学がめざす、日本の大学教育に新風を吹き込む「新時代の教育理念」とは？創立者・大川隆法が、そのビジョンを語る。

1,540円

未知なるものへの挑戦

新しい最高学府
「ハッピー・サイエンス・ユニバーシティ」とは何か

秀才は天才に、天才は偉人に──。2015年に開学したHSUの革新性と無限の可能性を創立者が語る。日本から始まる教育革命の本流がここにある。【HSU出版会刊】

1,650円

光り輝く人となるためには

クリエイティブでプロダクティブな
人材を目指して

真の学問には「真」「善」「美」がなくてはならない──。芸能と政治のコラボなど、創造性・生産性の高い人材を養成するHSUの圧倒的な教育力とは？【HSU出版会刊】

1,650円

道なき道を歩め

未来へ貢献する心

「神が創った学校は、ここしかない」。ゼロからつくりあげ、道を切り拓く人材になるための生きた智慧が凝縮。【HSU出版会刊】

1,650円

※表示価格は税込10%です。

幸福の科学 大学シリーズ　大川隆法著作

HSUの新しい学問に触れる

「人間幸福学」とは何か

人類の幸福を探究する新学問

「人間の幸福」という観点から、あらゆる学問を再検証し、再構築する――。数千年の未来に向けて開かれていく学問の源流がここにある。

1,650円

「経営成功学」とは何か

百戦百勝の新しい経営学

経営者を育てない日本の経営学!? アメリカをダメにしたMBA――!? HSUの「経営成功学」に託された経営哲学のニュー・フロンティアとは。

1,650円

「未来産業学」とは何か

未来文明の源流を創造する

新しい産業への挑戦――「ありえない」を、「ありうる」に変える! 未来文明の源流となる分野を研究し、人類の進化とユートピア建設を目指す。

1,650円

「未来創造学」入門

未来国家を構築する新しい法学・政治学

どのような政治が行われたら、国民が幸福になるのか。制度をつくる以前の「思想」のレベルから、政治・法律・税制のあり方を問い直す。

1,650円

幸福の科学出版

大川隆法著作シリーズ

詩篇に触れる

『青春詩集　愛のあとさき』は大学・商社時代、『詩集 Leftover ―青春のなごり―』は高校から大学時代にかけて編まれました。感性溢れる美しい言魂から、深まりゆく悟りを感じることができる詩集です。『言葉・愛・呪い』は『詩集 Leftover ―青春のなごり―』に込められた思いが明かされた対談となっています。

☆

青春詩集
愛のあとさき

★

詩集 Leftover
―青春のなごり―

★

言葉・愛・呪い
（対談経典）

★

言葉・愛・呪い
（対談CD・DVD）
【精舎限定】

青春の日の秘蔵小説

『小説　去れよ、去れよ、悲しみの調べよ』『青春短編作品集　現実・夢想・そしてイデアの世界へ』は、大川隆法総裁によって大学在学中に執筆されました。物語を通して「心の軌跡」が垣間見えるとともに、若き日の総裁の「宗教的感性」「創作の源流」と出合える貴重な書となっています。

★

小説
去れよ、去れよ、
悲しみの調べよ

★

青春短編作品集
現実・夢想・そして
イデアの世界へ

☆…幸福の科学出版刊　★…宗教法人幸福の科学刊（会内経典・CD・DVD）
★の詳細は、最寄りの幸福の科学の精舎・支部・拠点までお問い合わせください。

幸福の科学グループのご案内

宗教、教育、政治、出版、芸能文化などの活動を通じて、地球的ユートピアの実現を目指しています。

幸福の科学

一九八六年に立宗。信仰の対象は、大宇宙の根本仏にして地球系霊団の至高神、主エル・カンターレ。世界百七十九カ国以上の国々に信者を持ち、全人類救済という使命の下、信者は、主なる神エル・カンターレを信じ、「愛」と「悟り」と「ユートピア建設」の教えの実践、伝道に励んでいます。

（二〇二五年三月現在）

愛

幸福の科学の「愛」とは、与える愛です。これは、仏教の慈悲《じひ》や布施《ふせ》の精神と同じことです。信者は、仏法真理をお伝えすることを通して、多くの方に幸福な人生を送っていただくための活動に励んでいます。

悟り

「悟り」とは、自らが仏の子であることを知るということです。教学《きょうがく》や精神統一によって心を磨き、智慧《ちえ》を得て悩みを解決すると共に、天使・菩薩《ぼさつ》の境地を目指し、より多くの人を救える力を身につけていきます。

ユートピア建設

私たち人間は、地上に理想世界を建設するという尊い使命を持って生まれてきています。社会の悪を押しとどめ、善を推し進めるために、信者はさまざまな活動に積極的に参加しています。

幸福の科学の教えをさらに学びたい方へ

心を練る。叡智《えいち》を得る。
美しい空間で生まれ変わる——

幸福の科学の精舎《しょうじゃ》

幸福の科学の精舎《しょうじゃ》は、信仰心《しんこうしん》を深め、悟《さと》りを向上させる聖なる空間です。全国各地の精舎では、人格向上のための研修や、仕事・家庭・健康などの問題を解決するための助力が得られる祈願《きがん》を開催《かいさい》しています。研修や祈願に参加することで、日常で見失いがちな、安らかで幸福な心を取り戻《もど》すことができます。

日本全国に27精舎、海外に3精舎を展開。

運命が変わる場所——

幸福の科学の支部《しぶ》

幸福の科学は1986年の立宗《りっしゅう》以来、「私、幸せです」と心から言える人を増やすために、世界各地で活動を続けています。全国・全世界に精舎・支部精舎等を700カ所以上展開し、信仰《しんこう》に出合って人生が好転する方が多く誕生しています。
支部では御法話拝聴会、経典学習会、祈願、お祈り、悩み相談などを行っています。

支部・精舎のご案内
happy-science.jp/whats-happy-science/worship

海外支援・災害支援

幸福の科学のネットワークを駆使し、世界中で被災地復興や教育の支援をしています。「HS・ネルソン・マンデラ基金」では、人種差別をはじめ貧困に苦しむ人びとなどへ、物心両面にわたる支援を行っています。

自殺を減らそうキャンペーン

毎年2万人を超える自殺を減らすため、全国各地で「自殺防止活動」を展開しています。

公式サイト **withyou-hs.net**

自殺防止相談窓口

受付時間　火〜土:10〜18時（祝日を含む）

TEL **03-5573-7707**　メール **withyou-hs@happy-science.org**

ヘレンの会

公式サイト **helen-hs.net**

視覚障害や聴覚障害、肢体不自由の方々と点訳・音訳・要約筆記・字幕作成・手話通訳等の各種ボランティアが手を携えて、真理の学習や集い、ボランティア養成等、様々な活動を行っています。

幸福の科学 入会のご案内

幸福の科学では、主エル・カンターレ 大川隆法総裁が説く仏法真理《ぶっぽうしんり》をもとに、「どうすれば幸福になれるのか、また、他の人を幸福にできるのか」を学び、実践しています。

入会　仏法真理を学んでみたい方へ

主エル・カンターレを信じ、その教えを学ぼうとする方なら、どなたでも入会できます。入会された方には、『入会版「正心法語《しょうしんほうご》」』が授与されます。
入会ご希望の方はネットからも入会申し込みができます。

happy-science.jp/joinus

三帰《さんき》誓願《せいがん》　信仰をさらに深めたい方へ

仏弟子としてさらに信仰を深めたい方は、仏《ぶっ》・法《ぽう》・僧《そう》の三宝《さんぽう》への帰依を誓う「三帰誓願式」を受けることができます。三帰誓願者には、『仏説・正心法語』『祈願文《きがんもん》①』『祈願文②』『エル・カンターレへの祈り』が授与されます。

幸福の科学 サービスセンター
TEL 03-5793-1727
受付時間/
火〜金:10〜20時
土・日祝:10〜18時
（月曜を除く）

幸福の科学 公式サイト
happy-science.jp

幸福実現党

日本の政治に精神的主柱を立てるべく、2009年5月に幸福実現党を立党しました。創立者である大川隆法党総裁の精神的指導のもと、宗教だけでは解決できない問題に取り組み、幸福を具体化するための力になっています。

幸福実現党　党員募集中

あなたも幸福を実現する政治に参画しませんか。

＊申込書は、下記、幸福実現党公式サイトでダウンロードできます。

住所：〒107-0052
東京都港区赤坂2-10-8 6階 幸福実現党本部
TEL 03-6441-0754　FAX 03-6441-0764
公式サイト hr-party.jp

HS政経塾

大川隆法総裁によって創設された、「未来の日本を背負う、政界・財界で活躍するエリート養成のための社会人教育機関」です。既成の学問を超えた仏法真理を学ぶ「人生の大学院」として、理想国家建設に貢献する人材を輩出するために、2010年に開塾しました。これまで、多数の地方議員が全国各地で活躍してきています。

TEL 03-6277-6029
公式サイト hs-seikei.happy-science.jp

ハッピー・サイエンス・ユニバーシティ

Happy Science University

ハッピー・サイエンス・ユニバーシティとは

ハッピー・サイエンス・ユニバーシティ（HSU）は、
大川隆法総裁が設立された「日本発の本格私学」です。
建学の精神として「幸福の探究と新文明の創造」を掲げ、
チャレンジ精神にあふれ、新時代を切り拓く人材の輩出を目指します。

人間幸福学部　**経営成功学部**　**未来産業学部**

HSU長生キャンパス　TEL **0475-32-7770**
〒299-4325　千葉県長生郡長生村一松丙 4427-1

未来創造学部

HSU未来創造・東京キャンパス
TEL **03-3699-7707**
〒136-0076　東京都江東区南砂2-6-5

公式サイト **happy-science.university**

学校法人 幸福の科学学園

学校法人 幸福の科学学園は、幸福の科学の教育理念のもとにつくられた教育機関です。人間にとって最も大切な宗教教育を通して精神性を高めながら、ユートピア建設に貢献する人材輩出を目指しています。

幸福の科学学園

中学校・高等学校（那須本校）
2010年4月開校・栃木県那須郡（男女共学・全寮制）
TEL **0287-75-7777**　公式サイト **happy-science.ac.jp**

関西中学校・高等学校（関西校）
2013年4月開校・滋賀県大津市（男女共学・寮及び通学）
TEL **077-573-7774**　公式サイト **kansai.happy-science.ac.jp**

仏法真理塾「サクセスNo.1」　TEL 03-5750-0751（東京本校）

全国に本校・拠点・支部校を展開する、幸福の科学による信仰教育の機関です。小学生・中学生・高校生を対象に、信仰教育・徳育にウエイトを置きつつ、将来、社会人として活躍するための学力養成にも力を注いでいます。

エンゼルプランV

東京本校を中心に、全国に支部教室を展開。0歳～未就学児を対象に、信仰に基づく豊かな情操教育を行う幼児教育機関です。

TEL 03-5750-0757（東京本校）

エンゼル精舎

乳幼児を対象とした幸福の科学の託児型の宗教教育施設です。神様への信仰と「四正道」を土台に、子供たちの個性を育みます。

（※参拝施設ではありません）

不登校児支援スクール「ネバー・マインド」　TEL 03-5750-1741

「信仰教育」と「学業修行」を柱に、再登校へのチャレンジと、生活リズムの改善、心の通う仲間づくりを応援します。

ユー・アー・エンゼル！（あなたは天使！）運動

障害児の不安や悩みに取り組み、ご両親を励まし、勇気づける、障害児支援のボランティア運動を展開しています。

一般社団法人
ユー・アー・エンゼル
TEL 03-6426-7797

公益活動支援

いじめから子供を守ろうネットワーク

学校でのいじめをなくし、教育改革をしていくためにさまざまな社会提言をしています。
さらに、いじめ相談を行い、各地で講演や学校への啓発ポスター掲示等に取り組む一般財団法人「いじめから子供を守ろうネットワーク」を支援しています。

公式サイト mamoro.org　ブログ blog.mamoro.org
相談窓口 TEL.03-5544-8989

百歳まで生きる会 ～いくつになっても生涯現役～

100歳 幸福の科学

「百歳まで生きる会」は、生涯現役人生を掲げ、友達づくり、生きがいづくりを通じ、一人ひとりの幸福と、世界のユートピア化のために、全国各地で友達の輪を広げ、地域や社会に幸福を広げていく活動を続けているシニア層（55歳以上）の集まりです。

【サービスセンター】TEL 03-5793-1727

シニア・プラン21　【サービスセンター】TEL 03-5793-1727

「百歳まで生きる会」の研修部門として、心を見つめ、新しき人生の再出発、社会貢献を目指し、セミナー等を開催しています。

幸福の科学出版

大川隆法総裁の仏法真理の書を中心に、ビジネス、自己啓発、小説など、さまざまなジャンルの書籍・雑誌を出版しています。また、大川総裁が作詞・作曲を手掛けた楽曲CDも発売しています。他にも、映画事業、文学・学術発展のための振興事業、テレビ・ラジオ番組の提供など、幸福の科学文化を広げる事業を行っています。

アー・ユー・ハッピー？
are-you-happy.com

ザ・リバティ
the-liberty.com

THE FACT

YouTubeにて随時好評配信中！

ザ・ファクト

マスコミが報道しない「事実」を世界に伝えるネット・オピニオン番組

公式サイト **thefact.jp**

全国36局 & ハワイで毎週放送中!

ラジオ番組 天使のモーニングコール

天使のモーニングコール

毎週様々なテーマで大川隆法総裁の心の教えをお届けしているラジオ番組

公式サイト **tenshi-call.com**

幸福の科学出版　TEL **03-5573-7700**　公式サイト **irhpress.co.jp**

NEW STAR PRODUCTION

ニュースター・プロダクション　公式サイト newstarpro.co.jp

「新時代の美」を創造する芸能プロダクションです。多くの方々に良き感化を与えられるような魅力あふれるタレントを世に送り出すべく、日々、活動しています。

ARI Production

ARI《アリ》 Production《プロダクション》　公式サイト aripro.co.jp

タレント一人ひとりの個性や魅力を引き出し、「新時代を創造するエンターテインメント」をコンセプトに、世の中に精神的価値のある作品を提供していく芸能プロダクションです。